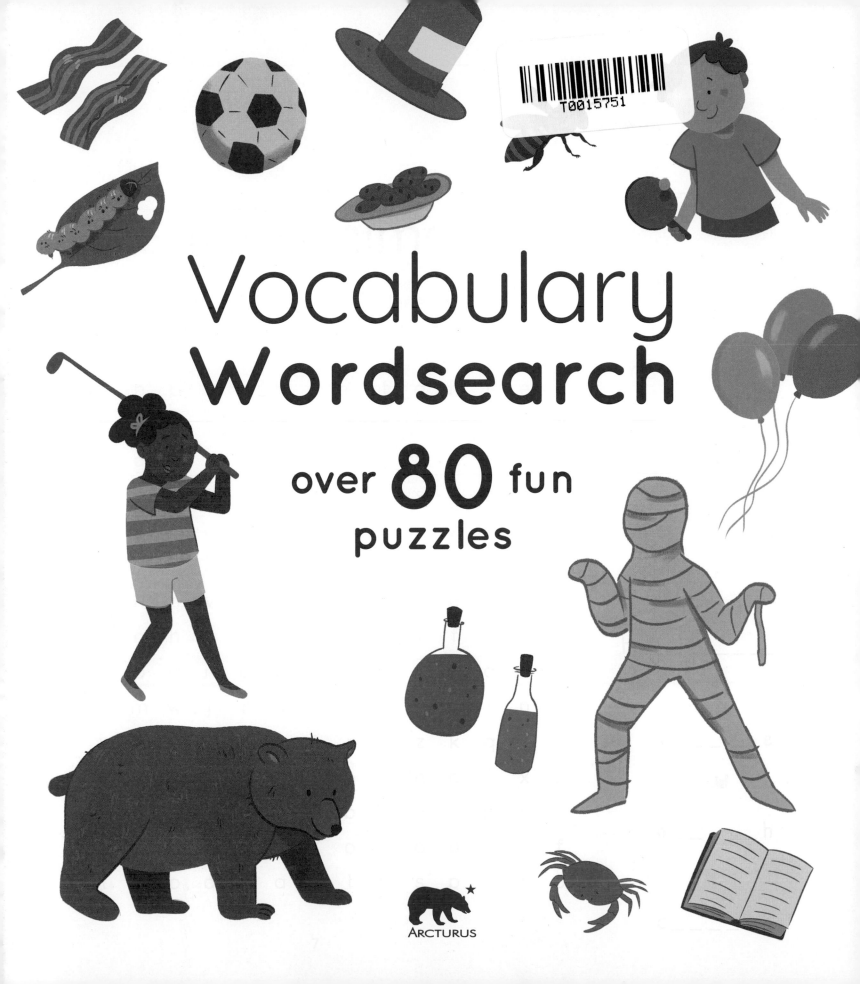

Vocabulary
Wordsearch

over **80** fun
puzzles

ARCTURUS

This edition published in 2022 by Arcturus Publishing Limited
26/27 Bickels Yard, 151–153 Bermondsey Street,
London SE1 3HA

Author: Annabel Savery
Illustrator: Marina Pessarrodona
Editor: Violet Peto
Designer: Stefan Holliland
Editorial Manager: Joe Harris

ISBN: 978-1-3988-1789-0
CH008630NT
Supplier 29, Date 0122, Print run 11929

Printed in China

Guidance for parents

- Encourage your child to read the words in the lists out loud before completing each wordsearch.

- Ask your child to circle each word as they find it in the grid, then check it off the list.

- The words might read forward, backward, up, down, or diagonally.

- Help your child look for words that appear within other words—each word can only be used once in the grid!

- Some pages have extra puzzles. Your child will need to complete these first, so that they know which words to look for in the grid.

- As they complete each wordsearch, help your child check their solutions in the Answers section which starts on page 85.

- A helpful glossary can be found on page 96.

Opposites

Fill in the missing letters to write the opposite of each word in the list. Then find them in the grid.

fast

s _ _ w

cold

h _ t

heavy

l _ _ _ t

long

s _ _ _ t

small

b _ g

thick

t _ _ n

back

f _ _ _ t

up

d _ _ n

open

c _ _ _ _ d

happy

s _ d

g	b	j	z	c	g	b	b	c	p	r	i	x	h	q
z	x	w	w	d	a	a	l	l	m	d	i	d	g	s
v	b	y	o	a	b	k	l	o	a	s	s	l	n	h
h	m	s	h	q	z	o	l	s	u	l	h	o	t	o
x	f	d	o	u	w	v	r	e	f	o	l	c	q	r
b	i	g	f	w	y	z	f	d	z	w	i	i	n	t
u	h	e	t	n	w	e	o	i	g	s	g	r	c	c
a	f	a	r	h	z	t	c	u	j	j	h	y	o	e
d	j	e	x	x	t	t	a	n	i	h	t	d	a	p
h	o	d	z	v	n	x	f	e	i	f	w	i	a	r
y	u	w	q	i	o	u	q	p	q	v	p	z	f	s
n	v	g	n	a	r	q	j	q	k	r	g	w	l	z
a	y	u	a	t	f	f	r	z	q	r	k	h	u	n
d	r	o	p	e	e	h	i	m	i	l	x	s	g	i
h	m	p	t	r	i	t	z	d	c	u	q	d	q	v

Creepy-crawlies

Write the name of each of the creepy-crawlies under the picture. Then find the words in the grid.

b	s	i	t	n	a	m	g	n	i	y	a	r	p	l
y	g	w	w	z	e	o	c	r	a	k	w	p	q	g
l	f	u	c	s	b	x	x	n	s	g	k	a	g	d
f	x	d	r	n	h	y	t	o	g	r	d	x	r	d
r	o	s	t	i	z	i	u	b	y	h	j	c	e	r
e	k	n	o	g	e	m	k	e	e	j	c	g	d	a
t	l	s	c	o	r	p	i	o	n	e	q	y	i	g
t	h	m	z	g	a	w	f	r	f	r	t	b	p	o
u	h	b	i	l	n	q	x	m	v	a	e	l	s	n
b	c	a	t	e	r	p	i	l	l	a	r	u	e	f
s	s	a	n	h	j	m	t	b	m	v	t	c	m	l
i	x	h	l	i	a	n	s	r	j	z	c	v	c	y
r	x	p	r	y	h	l	o	q	c	a	r	l	w	u
e	n	o	j	l	l	w	t	k	a	m	m	p	a	d
b	u	q	x	b	u	q	g	g	z	r	q	q	u	t

caterpillar

b _ _ _ _ _ _ _ y

b _ _ _ _ e

s _ _ _ _ r

w _ _ m

s _ _ _ _ _ _ n

p _ _ _ _ _ _ _ _ _ _ s

d _ _ _ _ _ _ _ _ y

s _ _ _ l

a _ t

5

Johan

Ivy

Tokyo

Moscow

Jupiter

Saturn

Earth

Sun

Tuesday

October

Easter

Hindi

Vietnam

Greek

France

Olympics

People and places

Proper nouns all start with a capital letter.
Can you find these examples in the grid?

p	r	e	b	o	t	c	o	s	y	g	j	s	j	t
n	u	s	n	g	r	e	t	s	a	e	s	e	s	e
w	k	c	e	n	o	y	x	d	y	t	m	y	z	k
v	z	h	a	m	o	s	c	o	w	g	u	u	v	z
g	r	m	r	p	x	v	n	a	h	o	j	r	s	l
f	e	r	t	o	k	y	o	e	u	x	a	c	n	t
r	t	m	h	e	k	m	l	f	n	f	i	r	j	s
l	i	b	a	r	e	d	b	t	d	p	c	a	h	v
q	p	u	s	n	p	p	n	v	m	b	r	g	e	e
d	u	n	t	w	t	y	u	y	b	e	i	v	y	c
c	j	z	n	c	s	e	l	m	j	d	k	w	g	n
v	i	d	n	i	h	o	i	o	m	e	b	g	r	a
m	t	u	e	s	d	a	y	v	h	e	l	s	e	r
m	d	g	g	a	z	y	h	x	z	p	g	g	e	f
c	z	p	u	z	p	j	c	r	v	n	x	y	k	d

Safari animals

Write the name of the animal under each picture,
then find the names in the puzzle.

e	c	n	b	s	c	h	e	e	t	a	h	r	e	u
l	m	h	w	t	u	y	w	z	n	i	t	i	l	d
e	r	d	n	z	a	p	h	r	p	t	c	m	i	b
p	i	o	o	d	o	m	b	p	b	s	h	d	d	c
h	y	a	n	g	o	p	o	p	o	v	z	s	o	x
a	p	v	a	s	u	p	f	h	u	y	y	m	c	r
n	p	h	h	v	o	c	r	l	c	b	e	e	o	v
t	k	a	h	t	q	r	t	d	j	i	f	t	r	t
m	y	p	a	n	y	u	e	g	i	f	r	a	c	n
g	f	m	w	j	r	q	p	c	a	s	m	t	n	d
z	u	k	o	e	k	e	i	r	o	z	k	q	s	o
s	a	l	r	x	j	c	i	p	e	n	d	l	x	o
p	g	y	u	p	q	g	v	b	p	h	i	p	s	r
n	v	w	t	d	m	n	r	o	i	o	u	h	s	f
x	t	m	o	a	c	a	a	l	n	s	p	i	r	o

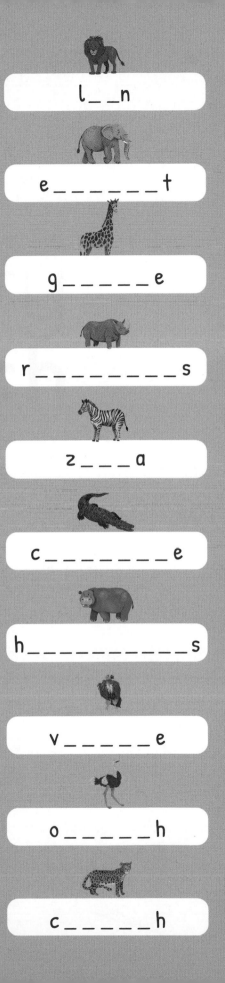

l_ _n

e _ _ _ _ _ _ _ t

g _ _ _ _ _ e

r _ _ _ _ _ _ _ _ s

z _ _ _ a

c _ _ _ _ _ _ _ e

h _ _ _ _ _ _ _ _ _ _ s

v _ _ _ _ e

o _ _ _ _ _ h

c _ _ _ _ _ h

Kay walks to school. I ride my bike. Yuna draws pictures, and the teacher pins them on the wall. After lunch, we play outside. We race cars, they skip and jump. My sister dances, and my brother sings. Mateo eats apples, while Sofia drinks juice.

Let's go

Verbs are *doing* words, such as **play**. Circle the verbs in each of these sentences, then find the verbs in the grid.

l	e	p	j	l	y	s	s	n	i	p	d	v	b	r
p	c	o	c	l	i	t	r	a	c	e	n	o	z	p
x	i	s	e	c	n	a	d	d	w	z	f	s	w	m
c	x	s	g	p	y	x	l	x	s	m	i	r	c	v
u	v	w	w	u	l	a	f	e	c	n	i	h	f	k
s	g	h	l	z	n	a	o	u	g	m	p	x	c	j
x	r	y	s	w	i	w	y	s	w	i	t	g	k	b
g	y	i	h	m	c	a	f	o	k	l	z	e	w	a
m	m	w	d	r	i	n	k	s	s	w	a	r	d	r
n	r	j	e	e	j	w	q	n	s	f	a	l	i	d
s	z	o	w	o	q	n	n	f	i	k	j	s	u	w
i	j	j	b	t	j	e	r	z	o	m	l	r	k	p
f	x	p	q	v	u	f	a	c	f	q	r	a	p	i
v	c	k	u	p	m	t	e	t	g	d	h	f	w	k
a	n	l	q	m	p	w	q	i	s	e	v	x	q	b

Transportation

Here are lots of vehicles. Can you write down the name of each one, then find the words in the grid?

m	m	h	b	x	x	q	s	p	r	r	y	e	w	n
e	o	d	g	t	a	y	q	u	h	j	n	o	x	w
n	t	j	t	l	d	s	i	s	b	q	a	r	c	j
o	o	m	y	e	i	k	y	x	u	s	g	o	q	x
o	r	a	w	m	n	d	c	t	q	c	w	x	v	m
l	b	y	l	g	d	a	e	u	r	o	a	h	a	f
l	i	d	d	i	t	k	y	r	r	o	q	y	z	a
a	k	h	p	k	g	t	d	p	j	t	l	q	a	v
b	e	n	u	s	r	i	g	v	v	e	y	v	e	u
r	l	z	g	t	u	z	n	i	a	r	t	o	b	t
i	n	x	f	e	l	u	k	m	y	n	n	e	m	g
a	h	v	l	j	p	i	c	z	r	a	x	j	g	n
t	f	g	x	c	w	g	z	w	c	z	c	b	s	g
o	j	y	u	n	i	c	y	c	l	e	q	y	k	n
h	h	h	h	w	k	e	m	u	h	k	v	t	k	x

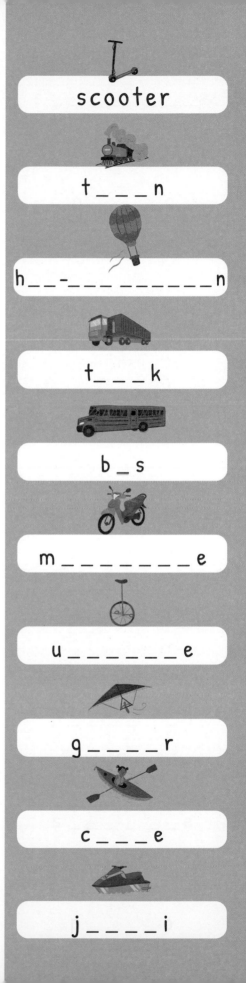

scooter

t _ _ _ n

h _ _ - _ _ _ _ _ _ _ _ n

t _ _ _ k

b _ s

m _ _ _ _ _ _ _ e

u _ _ _ _ _ _ e

g _ _ _ _ r

c _ _ _ e

j _ _ _ _ i

tall

short

freckles

skin

brown

black

blonde

eyes

hair

curly

straight

funny

grumpy

serious

sporty

clever

What am I like?

There are lots of words you can use to describe people. Take a look at the list, then circle each word in the puzzle.

y	o	t	i	q	c	u	m	a	y	m	l	k	s	n
f	r	r	u	s	g	r	u	m	p	y	j	c	t	i
i	n	f	i	m	b	l	o	n	d	e	r	a	r	y
f	n	r	d	l	i	l	u	b	q	n	o	l	a	c
u	w	e	p	l	j	t	d	y	l	o	o	b	i	e
n	o	c	h	a	c	n	z	e	z	h	b	t	g	d
n	r	k	a	t	n	l	o	g	z	a	w	q	h	m
y	b	l	e	s	n	g	e	w	s	n	i	l	t	t
e	y	e	s	j	u	i	t	v	h	q	i	l	d	r
g	n	s	e	z	y	o	x	y	e	n	y	k	q	o
b	j	d	s	n	l	x	i	t	s	r	o	b	s	h
q	r	g	r	s	r	p	r	r	s	k	j	r	b	s
z	j	p	n	o	u	l	r	o	e	p	r	i	b	w
m	e	q	e	k	c	s	m	p	z	s	f	a	y	c
w	v	v	s	d	x	q	a	s	a	k	a	h	p	t

Clothes

Here is a story about clothes. Can you circle each item of clothing, then find it in the grid?

c	s	a	n	d	a	l	s	q	p	j	w	v	l	k
j	x	l	x	d	k	s	q	r	b	f	c	j	a	a
v	n	r	l	a	s	w	g	s	d	j	b	d	e	z
o	n	y	r	d	n	e	q	g	l	o	v	e	s	i
d	t	w	m	u	s	a	k	c	o	a	c	j	v	g
j	x	k	m	n	r	t	z	t	s	m	z	x	r	g
z	p	x	t	g	l	e	s	o	t	s	h	i	r	t
o	e	z	y	a	s	r	l	y	f	t	i	y	j	p
e	n	q	c	r	u	p	e	e	l	o	a	b	c	f
s	f	a	r	e	o	i	w	h	e	f	c	o	v	j
b	m	i	h	e	i	r	h	h	t	e	y	y	c	n
m	f	q	a	s	t	r	o	h	s	x	q	g	x	x
s	a	g	t	l	i	y	m	y	s	b	m	s	c	l
b	d	c	l	j	q	e	i	a	f	c	y	a	t	b
g	q	r	s	o	c	k	s	f	t	f	l	o	l	b

When it rains, I wear a hat and a coat. When it is cold, I wear gloves, thick socks, and boots. In the summer, I wear shorts and a T-shirt with sandals. I love my red dungarees and my yellow sweater.

mother

father

sister

brother

daughter

uncle

aunt

cousin

grandmother

grandfather

niece

nephew

grandson

stepson

half sister

stepfather

My family

Families are made up of all kinds of people. Here are names for some family members. Can you find them in the puzzle?

w	s	q	d	f	r	n	a	p	f	t	x	r	y	y
b	t	n	y	s	e	f	d	y	f	n	r	e	w	k
w	e	v	l	b	h	x	t	e	f	u	v	h	u	h
r	p	l	s	r	t	o	f	a	a	a	u	t	p	l
x	f	r	g	y	o	c	t	h	c	m	w	o	r	g
o	a	i	w	t	m	h	u	g	n	k	j	r	k	z
s	t	l	i	a	e	u	a	c	x	q	s	b	s	g
n	h	l	g	r	a	n	d	m	o	t	h	e	r	d
r	e	t	s	i	s	f	l	a	h	d	z	a	d	a
f	r	p	s	h	y	c	o	u	s	i	n	r	s	u
o	p	x	h	t	l	x	u	v	n	d	r	e	r	g
r	y	i	y	e	s	t	e	p	s	o	n	t	o	h
w	j	m	l	e	w	f	e	o	i	n	e	s	v	t
u	n	c	l	e	n	s	n	i	e	c	e	i	p	e
h	g	r	a	n	d	f	a	t	h	e	r	s	c	r

At the beach

Write down the words for these things you find at the beach, then circle them in the grid.

v	p	b	k	z	m	e	k	z	f	b	i	c	k	s
t	d	m	e	o	i	s	w	t	n	w	x	s	h	k
p	p	y	i	a	t	u	v	i	u	j	u	h	k	y
i	j	s	c	u	c	o	h	i	n	j	f	h	q	j
s	q	y	e	w	z	h	s	i	g	d	h	l	l	r
u	e	i	c	m	h	t	b	p	m	u	m	r	f	w
n	x	u	r	i	z	h	l	a	a	l	h	i	f	s
g	l	q	e	j	p	g	c	y	l	d	j	e	l	a
l	t	q	a	w	v	i	x	i	d	l	e	y	y	l
a	i	e	m	g	g	l	g	c	m	t	y	q	c	o
s	i	b	k	e	a	s	u	r	f	b	o	a	r	d
s	a	n	d	c	a	s	t	l	e	b	g	y	v	b
e	m	l	i	q	u	b	p	x	u	u	y	f	m	n
s	q	l	a	n	w	b	f	q	y	b	b	m	t	f
t	w	d	s	t	v	a	s	e	a	g	u	l	l	d

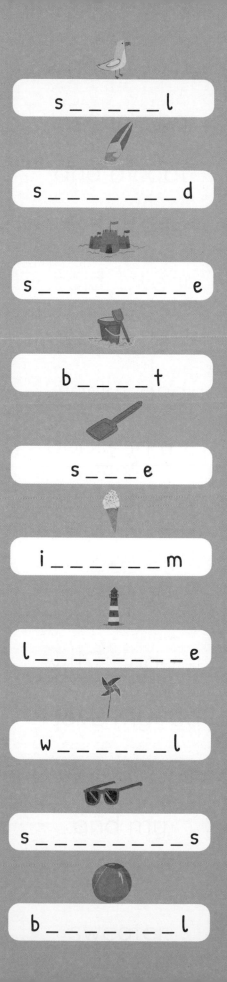

s _ _ _ _ _ l

s _ _ _ _ _ _ _ d

s _ _ _ _ _ _ _ _ e

b _ _ _ _ t

s _ _ _ e

i _ _ _ _ _ _ m

l _ _ _ _ _ _ _ e

w _ _ _ _ _ l

s _ _ _ _ _ _ _ s

b _ _ _ _ _ _ _ l

roasting

boiling

sweltering

scorching

baking

warm

toasty

flaming

balmy

summery

tropical

sizzling

steaming

scalding

piping hot

humid

Words for hot

There are lots of words that mean *hot*. Can you find all of these words in the grid? Don't burn your fingers!

v	y	g	n	i	h	c	r	o	c	s	a	b	q	i
l	q	i	d	s	i	t	g	n	i	k	a	b	y	c
s	c	s	q	w	u	y	o	x	f	v	q	t	q	m
m	r	a	w	w	h	m	b	h	b	t	s	s	c	p
n	g	d	a	z	h	r	m	u	g	a	j	s	f	d
t	n	b	d	m	a	s	l	e	o	n	s	w	t	m
t	i	o	r	g	u	c	p	t	r	z	i	u	v	i
r	d	i	o	c	n	z	m	k	y	y	z	p	o	z
o	l	l	a	y	i	i	n	w	y	m	z	k	i	z
p	a	i	s	f	l	a	m	i	n	g	l	c	b	p
i	c	n	t	v	f	o	q	a	j	g	i	a	a	o
c	s	g	i	i	s	h	s	p	e	v	n	h	l	x
a	w	i	n	v	b	w	e	x	g	t	g	a	m	s
l	n	w	g	h	u	m	i	d	w	s	s	b	y	j
s	x	n	s	w	e	l	t	e	r	i	n	g	h	t

Summertime

All of these pictures are things you might find, do, or see in the summertime. Write the words, then complete the grid.

w	c	r	c	s	p	n	g	x	t	o	j	u	d	s
u	k	g	s	u	q	m	c	i	n	c	i	p	e	u
d	o	y	t	i	w	y	t	y	u	e	t	s	e	b
j	v	l	o	j	j	j	f	r	s	s	s	e	s	l
d	p	q	z	h	b	b	e	u	p	a	r	s	o	u
i	r	q	x	y	v	w	n	c	l	e	g	t	f	f
g	j	a	c	f	o	h	l	g	d	z	s	i	n	x
z	d	q	c	l	a	s	n	t	z	i	i	w	e	g
x	b	q	f	t	u	u	v	y	p	i	l	e	r	g
p	p	m	u	h	s	b	k	r	j	w	d	m	g	k
e	k	i	t	e	r	o	e	d	o	l	k	y	u	d
d	z	o	c	x	t	t	p	x	i	i	l	z	t	v
a	q	a	h	h	a	s	u	i	t	c	a	s	e	u
l	z	i	f	w	p	c	y	e	d	o	r	x	b	n
o	d	v	e	t	d	m	i	n	s	j	q	j	k	l

s _ _ _ _ _ _ _ _ _ _ s

p _ _ _ _ c

w _ _ _ _ _ _ _ _ _ _ l

k _ _ e

f _ _ _ _ r

s _ _ _ _ _ t

p _ _ _ _ _ _ d

s _ _ _ _ _ _ e

p _ _ _ _ o

freezing

chilly

icy

wintry

glacial

frosty

frozen

shivery

bitter

frigid

arctic

snowy

raw

numbing

sharp

biting

Words for cold

How many words can you think of that mean *cold*?
Take a look through these, then find them in the grid.

r	t	t	k	z	z	t	t	c	f	a	k	p	l	h
b	a	o	x	a	s	h	i	v	e	r	y	n	p	k
c	f	y	j	r	a	c	a	p	m	y	f	u	t	j
h	v	l	r	c	h	o	w	r	v	a	f	m	z	i
i	j	k	x	t	w	u	a	g	o	u	r	b	a	t
l	f	i	s	i	n	y	r	f	b	d	o	i	o	g
l	r	b	s	c	r	i	r	r	p	y	s	n	s	z
y	e	m	h	f	e	k	w	o	b	r	t	g	c	v
e	e	u	a	o	t	p	s	z	d	t	y	k	r	a
h	z	s	r	w	t	e	h	e	o	i	a	w	l	e
t	i	c	p	b	i	z	o	n	w	e	g	h	e	z
g	n	i	t	i	b	x	y	w	o	n	s	i	w	u
h	g	a	q	i	v	g	l	a	c	i	a	l	r	y
m	a	m	o	o	r	y	w	m	k	u	n	c	c	f
t	p	z	s	i	i	w	h	i	c	b	k	i	x	t

Winter time

Here are a lot of things you see or do in winter. Write the words under the pictures, then find them in the grid.

o	l	l	n	x	i	s	a	m	h	g	h	z	r	s
x	n	s	b	a	d	g	p	d	d	a	r	o	x	n
k	d	d	u	e	k	a	l	f	w	o	n	s	p	o
v	a	z	x	h	x	n	d	o	g	k	l	p	c	w
r	e	e	d	n	i	e	r	p	o	e	f	j	c	b
n	r	w	u	j	z	j	n	v	i	u	w	w	h	o
g	n	i	i	k	s	y	s	g	x	c	d	j	a	a
i	p	v	y	l	d	i	h	n	b	v	u	h	s	r
o	r	n	r	t	n	p	t	p	o	j	i	h	j	d
b	r	p	c	x	s	s	h	p	b	w	z	h	t	i
r	s	n	i	a	t	n	u	o	m	c	m	b	i	n
h	o	t	c	h	o	c	o	l	a	t	e	a	d	g
g	n	i	t	a	k	s	e	c	i	u	l	a	n	f
s	t	e	t	v	i	v	l	c	v	n	m	k	v	l
s	b	i	m	g	g	k	b	r	j	m	y	o	r	r

s _ _ _ _ h

i _ _ _ _ _ _ _ _ g

r _ _ _ _ _ _ r

s _ _ _ _ _ n

h _ _ _ _ _ _ _ _ _ e

i _ _ o

s _ _ _ _ _ _ _ e

s _ _ _ _ g

m _ _ _ _ _ _ _ s

s _ _ _ _ _ _ _ _ _ _ g

teacher

student

mathematics

science

art

playground

pencil case

classroom

books

writing

pen

pencil

sport

clubs

lunchbox

friends

Going to school

In the classroom, there are lots of words to learn. Choose your best pen, and circle all the words in the grid.

e	a	n	p	q	l	e	z	l	i	v	e	d	d	g
s	g	e	s	c	i	e	n	c	e	u	u	n	s	x
a	n	o	p	f	d	s	j	z	w	x	u	u	c	i
c	r	x	o	b	h	c	n	u	l	c	t	o	i	s
l	l	u	r	s	f	w	e	n	l	n	i	r	t	d
i	a	c	t	k	r	v	z	a	v	f	r	g	a	n
c	v	d	t	i	t	j	s	f	e	h	e	y	m	e
n	t	h	t	e	u	s	k	t	y	t	h	a	e	i
e	t	i	o	o	r	c	m	l	u	n	c	l	h	r
p	n	v	v	o	z	s	i	w	p	d	a	p	t	f
g	o	k	o	s	b	c	n	h	z	s	e	t	a	r
k	l	m	u	u	n	c	e	y	c	k	t	n	m	z
f	g	k	l	e	k	e	u	f	m	o	r	z	t	u
z	b	c	p	e	o	r	f	m	d	o	u	z	w	c
o	o	a	m	s	b	v	h	n	k	b	m	u	g	a

Ask a question

Each of these sentences contains a question word. Can you underline the question words and find them in the grid?

w	l	u	l	d	h	c	e	j	y	w	l	t	y	e
l	p	r	k	p	s	m	v	c	h	x	x	h	t	e
c	q	e	n	p	l	h	n	o	b	h	e	h	f	u
x	y	d	r	h	z	g	r	x	a	r	f	h	o	w
x	k	p	l	e	z	b	l	m	p	w	n	g	h	q
x	c	a	m	p	h	n	h	l	g	d	d	i	d	o
q	i	x	q	r	b	w	i	v	e	l	c	b	z	n
b	w	k	f	k	m	a	h	q	w	h	k	c	j	k
i	f	x	l	t	y	b	s	u	m	b	n	h	w	j
w	g	b	c	s	m	b	i	m	e	j	m	l	p	u
p	a	w	e	q	q	z	e	v	w	v	r	q	c	b
j	v	y	n	s	h	d	i	v	h	m	l	w	r	d
h	c	e	w	t	s	b	g	u	s	d	h	h	y	x
t	h	q	n	h	i	n	c	e	l	a	v	j	h	d
w	g	x	q	b	o	w	l	z	t	m	h	u	w	n

How do you spell "cat"?

What time is it?

Why does it rain?

When is your birthday?

Where is Panama?

Who is the tallest?

Which cake would you like?

Taking time

All of these words are used when talking about time. See how long it takes you to find them all in the grid!

Word list:
- hour
- minute
- second
- day
- month
- year
- weekend
- morning
- afternoon
- evening
- night
- clock
- alarm
- watch
- calendar

q	b	c	p	d	f	m	s	m	p	x	f	o	o	s
h	h	t	f	p	p	h	j	h	t	n	o	m	e	h
h	m	t	c	m	t	x	g	i	o	t	p	o	f	w
a	h	z	v	d	q	u	e	l	e	t	u	n	i	m
o	b	v	h	n	v	g	n	i	n	r	o	m	e	b
n	g	v	p	q	w	e	j	m	q	u	c	e	e	k
j	n	c	b	n	o	o	n	r	e	t	f	a	q	s
h	i	x	a	c	l	o	c	k	z	t	s	j	h	b
c	n	t	i	l	a	w	k	c	h	q	e	x	r	y
t	e	s	o	l	e	l	v	g	v	r	c	u	a	y
a	v	b	a	e	t	n	i	y	u	k	o	d	d	m
w	e	r	k	l	n	n	d	n	c	h	n	d	f	j
s	m	e	e	u	a	r	z	a	r	x	d	d	i	n
n	n	r	a	e	y	m	z	t	r	u	t	r	u	w
d	b	s	w	o	m	n	t	t	n	t	x	h	f	e

Amazing structures

These are all names of famous landmarks. Can you find the underlined part of each name in the grid?

n	s	n	t	r	i	d	w	z	o	n	n	k	m	n
h	c	q	p	y	r	a	m	i	d	s	o	u	m	q
b	a	j	i	q	v	v	t	j	d	d	n	l	p	g
w	t	f	o	e	n	a	l	p	i	z	e	y	d	x
p	h	o	c	u	j	h	y	w	v	c	h	d	g	f
o	e	c	t	m	e	b	s	b	v	f	t	e	r	b
x	d	y	a	i	i	u	y	t	c	z	r	e	e	a
u	r	h	m	g	r	e	t	j	b	k	a	o	a	h
n	a	n	b	g	n	r	r	a	f	a	p	h	t	y
l	l	e	c	j	p	t	e	u	t	t	s	b	w	x
x	n	u	j	y	m	c	b	r	h	s	a	i	a	o
n	d	n	p	n	w	f	i	k	g	n	f	j	l	a
c	u	i	j	g	n	u	l	b	y	w	a	f	l	s
d	q	k	k	j	p	q	b	q	g	i	a	e	s	m
p	e	s	u	o	h	a	r	e	p	o	g	e	w	x

Notre Dame <u>cathedral</u>

<u>Parthenon</u>

<u>Big Ben</u>

<u>Statue of Liberty</u>

<u>Pyramids</u>

<u>Taj Mahal</u>

<u>St. Basil's Cathedral</u>

Sydney <u>Opera House</u>

<u>Great Wall of China</u>

left

right

forward

backward

straight on

up

down

over

on

under

around

above

below

toward

away

after

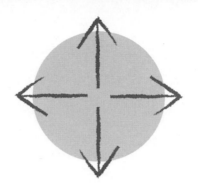

Direction words

Direction words help people to get from here to there. Can you find these words in the grid below?

v	a	d	t	d	h	q	z	h	l	g	f	c	d	w
k	l	q	r	r	e	a	g	u	a	u	u	i	o	b
r	e	t	f	a	s	p	o	e	n	k	b	i	d	h
u	i	n	h	w	w	b	q	s	n	d	l	b	r	s
p	k	q	d	r	v	o	x	f	w	n	e	q	a	t
e	f	c	q	o	t	g	t	u	o	i	m	r	w	j
w	v	c	k	f	i	p	j	t	d	t	f	q	k	i
o	d	o	o	v	z	h	h	m	k	s	o	t	c	l
l	t	y	b	u	w	g	d	t	u	n	s	t	a	g
e	f	v	o	a	i	s	o	h	o	m	b	i	b	o
b	e	a	j	a	b	i	o	g	o	d	q	c	l	c
a	l	i	r	q	k	v	k	i	c	n	r	r	z	d
h	w	t	n	g	e	b	o	r	a	r	o	u	n	d
p	s	a	i	r	k	w	z	u	e	d	q	u	y	r
d	j	y	y	p	w	c	m	b	r	b	x	g	x	x

Under the sea

Can you write down the names of these sea creatures? Then use a blue pencil to mark them on the grid.

s	a	i	d	e	s	u	a	q	n	m	s	f	z	n
z	e	p	a	d	j	v	s	u	r	o	a	w	r	i
w	g	a	f	s	l	p	k	z	c	a	c	n	h	h
h	b	i	h	y	n	t	y	t	o	v	y	g	s	p
s	h	u	x	o	m	o	o	c	x	o	e	o	i	l
i	s	i	g	v	r	p	q	h	r	l	k	s	f	o
f	i	i	e	w	u	s	d	d	a	a	y	w	d	d
y	f	v	z	s	v	c	e	p	u	u	b	d	r	u
l	n	u	h	q	s	c	y	j	m	o	r	i	o	i
l	w	i	o	n	q	s	s	k	h	d	e	a	w	z
e	o	a	s	y	u	n	h	m	f	v	j	r	s	m
j	l	p	p	t	i	u	a	f	z	b	r	s	l	o
m	c	h	t	t	d	w	r	x	l	g	a	c	v	t
b	s	r	o	p	g	i	k	v	j	a	u	i	c	r
d	p	x	s	a	h	i	q	s	w	q	a	g	s	f

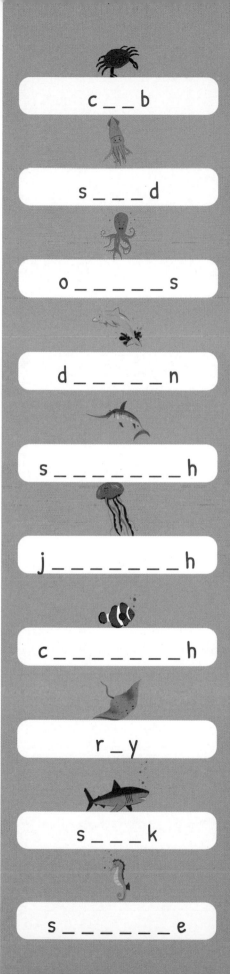

c _ _ b

s _ _ _ d

o _ _ _ _ _ s

d _ _ _ _ _ n

s _ _ _ _ _ _ _ h

j _ _ _ _ _ _ _ h

c _ _ _ _ _ _ _ h

r _ y

s _ _ _ k

s _ _ _ _ _ _ e

At the zoo, Zita took pictures of the spotty hyena and the striped zebra, the long snake and the thin stick insect. She watched the tall ostrich and the bright parrots. The beavers were busy, and the warthogs were smelly. The enormous rhinoceros was a bit scary!

Describing words

Words that describe things are called adjectives. Can you find 10 adjectives in the story and in the grid below?

a	h	y	a	m	k	c	d	l	h	n	p	u	t	l
g	y	d	e	v	p	x	r	v	f	a	p	g	h	z
r	f	z	d	a	x	x	y	g	t	w	x	s	i	o
n	l	o	n	g	v	w	l	p	h	w	i	b	n	r
j	a	u	j	x	e	y	l	g	g	d	y	g	s	i
e	n	u	w	e	n	o	e	u	i	o	n	m	v	s
i	d	h	g	p	o	s	m	x	r	v	l	m	t	k
f	o	t	e	y	r	c	s	r	b	j	m	r	m	m
n	h	m	y	t	m	a	j	e	s	t	i	c	s	l
q	t	p	y	t	o	r	l	o	j	p	w	l	b	h
k	n	n	m	o	u	y	l	h	e	x	l	y	b	y
c	h	w	i	p	s	w	a	d	j	i	h	u	u	c
v	g	h	f	s	p	e	t	k	l	m	s	b	i	f
j	a	o	e	u	m	b	t	e	h	y	k	n	o	y
r	x	d	i	l	u	h	j	e	p	n	t	c	k	z

On the farm

Here are lots of things that you find on a farm. Write the name for each one, then find it in the grid.

r	j	h	j	e	i	g	t	y	p	q	a	e	u	o
y	e	s	r	o	h	s	a	k	n	y	t	o	w	x
p	e	m	q	l	k	a	c	l	k	o	g	b	i	g
a	d	k	r	y	x	w	y	q	s	k	n	z	j	l
w	u	q	n	a	k	j	i	x	i	z	h	i	r	m
l	x	n	g	o	f	j	g	h	i	t	l	e	o	j
t	c	t	w	n	d	d	b	l	a	w	o	e	t	p
b	i	h	b	s	i	b	r	s	c	h	g	r	c	x
z	q	q	w	i	b	r	n	u	w	a	q	t	a	k
f	b	a	g	m	p	c	p	y	r	i	k	e	r	m
k	e	u	q	e	n	i	k	p	m	u	p	l	t	s
p	q	g	a	l	e	x	a	v	d	g	c	p	y	h
d	t	u	g	u	m	s	i	k	c	u	d	p	s	e
f	z	a	x	s	a	m	c	t	u	m	j	a	e	e
k	m	x	r	l	h	e	b	e	d	e	d	t	e	p

25

t _ _ _ _ _ r

h _ _ _ e

p _ _ _ _ _ n

e _ _ s

s _ _ _ p

f _ _ _ _ r

a _ _ _ _ _ _ _ e

d _ _ k

d _ _ _ _ y

h _ y

snake

string

ladder

flagpole

worm

flute

alligator

baguette

necktie

scarf

limousine

tail

river

bridge

tunnel

pipe

Long things

What a long list! Choose a bright pencil and find all of these words for long things in the grid!

t	h	y	r	e	v	i	r	i	h	l	e	n	c	m
a	d	f	k	c	t	f	t	b	q	e	e	p	r	u
i	u	a	d	s	f	l	s	r	y	g	f	o	i	c
l	n	f	t	r	j	u	a	i	t	l	w	c	e	p
s	q	q	g	e	u	t	g	d	a	x	q	l	a	g
p	f	c	z	k	t	e	s	g	v	m	b	i	l	l
j	b	y	c	g	n	t	p	e	r	i	q	m	l	s
b	f	v	u	k	r	o	e	z	e	o	n	o	i	y
r	y	j	n	i	l	r	k	u	z	q	d	u	g	b
e	c	c	n	e	i	u	q	q	g	o	o	s	a	w
d	l	g	s	c	a	r	f	m	d	a	o	i	t	k
d	w	c	l	e	n	n	u	t	i	s	b	n	o	e
a	y	z	z	g	s	p	y	b	j	i	k	e	r	n
l	f	k	e	i	t	k	c	e	n	d	f	o	u	g
i	j	w	l	o	x	n	q	e	i	t	k	h	j	m

Dinosaurs

It's time for a dino dig. Can you find all of these dinosaur words in the grid?

l	k	f	o	m	m	g	e	h	o	g	o	y	d	g
r	i	n	s	u	r	u	a	s	o	n	i	p	s	i
a	d	s	o	y	a	p	q	r	c	j	s	d	u	t
h	d	k	s	d	c	d	o	z	b	s	w	s	e	x
j	d	y	c	o	o	x	k	b	s	e	a	d	t	t
a	o	m	g	i	f	n	p	i	m	g	l	o	p	r
f	h	h	m	e	s	d	a	t	s	g	c	p	t	i
o	s	t	e	g	o	s	a	u	r	u	s	o	e	c
o	p	e	s	v	k	y	a	s	g	x	y	r	r	e
t	u	e	z	q	g	h	e	r	n	i	y	u	o	r
p	q	t	t	f	a	i	u	b	u	y	o	a	s	a
r	u	a	s	o	i	s	e	l	p	j	w	s	a	t
i	r	o	t	p	a	r	i	c	o	l	e	v	u	o
n	t	p	m	s	i	p	m	s	y	p	w	f	r	p
t	w	b	c	k	a	x	s	g	o	d	u	p	h	s

sauropod

egg

Stegosaurus

Triceratops

fossil

pterosaur

Spinosaurus

teeth

dig

Jurassic

footprint

Velociraptor

Iguanodon

plesiosaur

claws

button

pin

bug

elf

dot

speck

bean

seed

peanut

petal

rice

pebble

marble

shell

pea

crumb

Small things

Everything on this list is very small. Use your smallest pencil to find the words in the grid!

w	r	g	x	g	t	f	n	b	o	e	h	z	t	x
l	i	j	r	g	d	n	a	o	j	v	b	k	u	e
k	c	e	p	s	i	z	d	x	t	r	z	n	n	l
p	e	q	c	j	u	i	o	z	k	t	c	h	a	b
k	y	d	h	f	e	f	x	b	k	j	u	l	e	b
q	m	x	u	c	b	l	z	l	r	g	l	b	p	e
e	h	n	v	e	p	f	m	l	f	l	e	u	t	p
t	d	o	a	s	f	h	g	i	a	y	a	a	c	m
y	g	n	s	y	e	l	l	e	h	s	p	k	a	u
d	w	s	e	n	y	e	n	g	b	e	l	r	l	i
v	r	r	h	q	l	r	d	t	q	g	b	p	e	a
c	r	u	m	b	a	n	l	f	v	l	u	t	s	z
l	p	y	d	t	t	d	x	z	e	q	h	b	n	n
q	f	w	j	w	e	o	c	q	o	w	o	i	m	t
v	i	f	m	z	p	t	g	n	s	t	p	p	m	u

Baby animals

How cute! Can you name these baby animals?
Find each of the names in the grid!

s	r	t	v	n	a	h	p	u	c	q	n	y	b	n
r	p	i	g	l	e	t	e	n	r	v	f	g	z	d
j	p	u	p	p	y	l	y	x	a	o	a	z	t	o
o	q	o	e	n	o	q	i	k	n	t	m	s	k	u
e	j	k	e	o	b	d	z	l	q	e	u	m	v	o
y	a	p	h	e	t	u	k	x	n	s	t	z	u	b
z	k	f	r	r	r	c	d	v	h	y	v	t	j	t
q	r	t	f	g	a	k	v	g	j	a	a	w	i	u
f	z	u	o	u	z	l	c	y	p	d	d	u	h	k
f	a	c	x	g	n	i	v	a	p	r	m	i	l	w
f	o	w	m	t	x	n	d	o	j	a	v	f	q	l
r	y	a	n	m	s	g	l	g	l	i	i	f	s	r
v	w	p	l	h	b	e	h	p	y	y	o	a	c	b
e	u	q	e	d	q	i	q	t	a	d	j	w	x	c
t	o	z	x	w	j	d	d	i	k	i	b	u	c	r

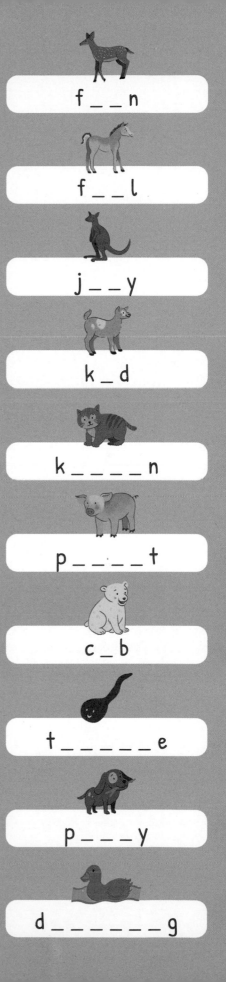

f _ _ n

f _ _ l

j _ _ y

k _ d

k _ _ _ _ n

p _ _ _ _ _ t

c _ b

t _ _ _ _ _ e

p _ _ _ y

d _ _ _ _ _ _ g

29

loud

quiet

crash

melody

bang

boom

thump

harmony

bass

jazz

soul

hip hop

classical

pop

squeak

peep

Sound words

Boom! Crash! Bang! All of these words describe sounds and music. Can you find them in the grid?

a	l	l	f	e	k	m	g	m	h	l	y	f	h	m
p	p	a	o	b	e	i	r	y	o	k	t	r	t	a
m	x	c	c	b	a	d	y	f	i	h	z	a	i	o
l	g	a	f	i	u	n	u	b	o	p	z	n	e	q
h	s	a	r	c	s	y	g	q	c	m	a	j	r	y
s	r	y	x	a	q	s	s	p	v	u	j	g	f	v
q	q	i	c	u	p	l	a	f	h	h	d	b	l	o
u	m	x	i	c	o	e	m	l	y	t	w	e	u	v
e	p	e	b	j	p	y	w	n	c	o	k	u	m	m
a	t	o	c	h	c	a	o	t	w	b	d	f	e	b
k	o	y	h	q	d	m	d	h	o	c	u	l	w	m
m	p	e	e	p	r	t	q	t	b	y	o	a	s	l
d	u	y	r	a	i	p	t	a	z	d	l	x	u	r
c	j	o	h	i	c	h	s	y	y	i	i	o	s	l
o	g	k	k	x	o	s	t	s	r	c	s	w	v	q

Instruments

It's fun to make music! Take a look at these instruments and write down their names, then complete the puzzle.

t	h	n	t	z	b	t	v	o	i	k	s	g	n	c
s	k	h	l	n	d	j	n	m	a	r	a	c	a	s
n	i	q	v	d	i	l	y	g	a	d	q	w	j	s
k	e	a	h	x	g	i	d	r	c	b	d	w	m	m
u	u	n	i	l	b	r	g	b	s	v	e	u	b	s
k	n	x	i	g	u	i	t	a	r	c	r	y	a	a
r	r	h	z	r	o	y	k	e	j	d	u	a	n	x
e	o	a	g	t	u	l	j	n	y	w	s	m	j	o
c	h	z	q	w	h	o	e	i	k	d	o	m	o	p
o	h	h	i	d	z	n	b	z	d	g	s	i	l	h
r	c	k	l	t	w	i	o	m	p	k	z	c	c	o
d	n	z	n	v	i	l	g	h	a	i	m	h	p	n
e	e	t	w	s	l	z	u	w	g	t	a	n	r	e
r	r	v	a	e	g	s	b	v	p	r	t	q	d	v
y	f	v	c	n	a	c	j	h	p	r	v	p	u	v

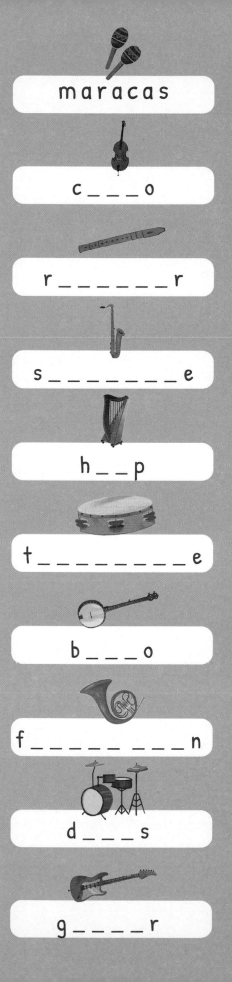

maracas

c _ _ _ o

r _ _ _ _ _ _ _ r

s _ _ _ _ _ _ _ e

h _ _ p

t _ _ _ _ _ _ _ _ e

b _ _ _ o

f _ _ _ _ _ _ _ _ _ n

d _ _ _ s

g _ _ _ _ _ r

Snakes slither along the ground. Sharks glide through the water. Sheep stamp their hooves. People hurry to work. Mice scurry underground. Moles dig tunnels. Children rush into the playground. Monkeys swing through the trees. Horses gallop in the fields. Penguins waddle on the ice.

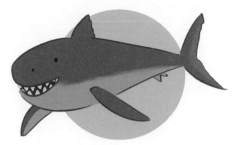

Animal moves

Wiggle and squiggle! Read this story and circle the movement words. Then find them in the grid.

e	j	a	w	n	m	u	o	l	z	k	j	n	f	t
d	l	r	r	h	v	r	n	z	m	j	i	q	q	b
s	t	d	p	t	m	e	q	r	e	c	d	e	g	o
r	s	t	d	u	b	h	w	x	g	i	t	i	a	y
y	s	m	x	a	a	t	k	m	s	n	p	g	l	e
p	m	a	t	s	w	i	m	h	w	k	z	j	l	f
s	o	k	n	g	h	l	d	g	n	i	w	s	o	n
p	q	j	i	w	o	s	p	i	e	q	e	q	p	h
j	k	d	j	m	b	v	f	y	j	c	k	w	u	m
c	s	m	t	q	j	y	b	c	w	l	i	r	f	o
x	p	x	u	x	l	r	k	m	l	v	r	e	g	d
v	h	m	d	q	i	r	e	o	n	y	d	y	s	t
l	g	m	w	y	k	u	r	h	v	i	q	c	h	h
j	i	s	q	z	v	c	j	f	l	c	l	e	e	p
b	m	j	y	d	g	s	a	g	c	h	r	u	s	h

At the park

I like playing at the park. Here are lots of park words. Can you find them in the grid?

l	l	e	n	n	u	t	u	c	d	r	e	m	a	d
e	q	o	e	j	w	o	s	v	i	u	m	i	r	n
e	f	s	u	i	s	t	l	t	m	l	a	x	x	u
d	g	w	k	w	w	p	i	w	k	q	r	j	k	o
n	l	d	i	a	l	a	d	n	p	d	f	h	y	r
a	r	n	i	l	t	h	e	a	e	k	g	e	g	o
t	g	b	q	r	c	e	k	b	s	h	n	i	s	g
s	i	s	t	t	b	r	r	c	x	p	i	c	a	y
d	d	j	a	d	h	e	s	a	n	d	b	o	x	r
n	y	c	k	g	w	c	e	z	m	s	m	g	g	r
a	u	a	d	o	x	n	u	e	p	i	r	m	e
b	y	c	l	u	p	n	t	e	z	m	l	a	p	m
a	h	f	l	i	q	q	s	w	b	t	c	s	e	e
r	a	b	e	c	n	a	l	a	b	c	b	s	m	l
s	n	z	s	o	w	d	u	c	k	p	o	n	d	i

swings

slide

seesaw

catch

sandbox

merry-go-round

climbing frame

balance bar

grass

bench

skate ramp

duck pond

tunnel

bridge

flower bed

bandstand

Diego was pleased to see Kiaan but sad that Siobhan had to go home. Dai felt confused and upset when he lost the tennis match, but cheerful when he saw his happy teammates clapping for him. Bailey was excited to visit her grandpa but worried and scared by the big dog on the farm. Leroy felt joyful on his birthday.

How do you feel?

In the story there are many words that describe feelings. Can you circle them, then find them in the grid?

s	l	k	g	m	l	o	s	z	l	g	w	u	h	t
w	x	v	u	l	j	l	p	w	a	t	b	b	w	m
o	v	m	u	q	u	u	v	j	r	g	l	h	i	j
r	r	k	g	f	s	f	s	t	o	u	p	s	e	t
r	j	v	y	d	i	r	s	o	j	v	g	k	c	s
i	d	o	v	e	c	e	x	d	f	x	l	m	a	m
e	j	o	n	t	h	e	c	f	f	m	p	d	e	i
d	f	a	m	i	k	h	l	o	r	h	a	p	p	y
f	p	a	k	c	e	c	l	p	n	b	u	a	f	l
s	i	s	z	x	o	t	l	d	r	f	r	g	f	p
u	c	b	v	e	z	e	q	v	g	k	u	w	r	c
q	z	a	j	e	a	l	q	s	n	s	q	s	b	h
j	d	c	r	s	p	x	x	h	o	l	t	j	e	s
a	h	w	e	e	f	c	k	r	f	l	i	i	l	d
q	s	d	z	u	d	t	y	f	h	p	m	j	z	r

Bird life

Here are some feathered friends! Can you write their names in the spaces, then find them in the grid?

k	u	y	r	p	h	b	j	e	n	k	g	k	s	b
v	z	w	w	w	o	c	l	u	e	i	q	v	p	n
l	a	y	a	r	x	g	i	g	z	e	o	c	a	a
t	c	y	d	y	a	z	n	r	o	s	r	y	r	w
x	g	b	p	e	s	v	g	i	t	j	s	a	r	s
a	m	b	f	g	m	d	g	y	m	s	t	v	o	t
t	p	n	x	o	p	d	m	v	v	a	o	i	w	q
u	v	u	n	i	f	a	d	u	c	p	l	g	j	t
l	k	p	g	t	k	x	l	c	r	x	o	f	c	n
b	v	e	v	c	o	t	f	t	x	j	v	s	t	a
d	o	n	n	w	u	a	o	i	e	i	x	i	h	s
n	x	g	l	r	t	l	n	a	k	t	h	s	k	a
c	s	u	e	e	u	d	b	b	q	z	h	d	r	e
t	j	i	k	f	j	s	q	p	k	y	a	k	l	h
c	w	n	y	b	o	r	h	d	y	p	m	l	v	p

35

flamingo

p _ _ _ _ _ _ t

o _ l

o _ _ _ _ _ h

e _ _ _ e

s _ _ n

p _ _ _ _ n

s _ _ _ _ _ _ w

v _ _ _ _ e

p _ _ _ _ _ n

space	room
book	ship
day	case
grand	father
blue	hopper
bed	thing
skate	board
every	berry
grass	dream

Making words

Can you link each of these words to make new words? We've done the first one for you. Find the new words in the grid!

g	r	a	n	d	f	a	t	h	e	r	l	y	n	u
n	n	g	r	a	s	s	h	o	p	p	e	r	v	z
z	p	i	d	r	a	o	b	e	t	a	k	s	p	o
p	l	p	h	n	a	v	d	p	m	c	x	t	e	k
i	q	j	v	t	t	q	k	a	v	l	p	l	e	m
h	r	b	p	w	y	z	e	s	a	c	k	o	o	b
s	e	l	i	t	e	r	i	p	f	v	c	o	t	w
e	a	q	d	k	y	e	e	t	w	v	r	j	o	e
c	g	l	i	a	a	r	l	v	v	d	d	t	o	s
a	m	w	d	a	y	y	r	r	e	b	e	u	l	b
p	d	v	c	h	u	d	l	b	z	g	b	b	k	p
s	k	g	p	w	q	x	r	q	o	n	o	y	z	p
b	o	o	j	n	m	m	y	e	t	r	o	r	e	i
t	g	a	y	m	t	i	f	q	a	t	d	s	g	b
p	v	s	i	d	r	d	a	i	a	m	y	e	r	e

Storytime

Once upon a time ... Can you complete the titles of these classic tales? Then find the new words in the grid.

n	s	k	c	o	l	i	d	l	o	g	k	t	l	b
p	y	d	d	o	w	u	v	w	q	l	x	n	e	s
y	p	r	u	o	w	i	g	w	a	t	n	e	x	y
y	b	e	r	c	l	w	e	y	c	r	w	i	h	f
j	b	t	g	i	k	d	o	o	h	s	f	r	r	s
a	s	e	d	w	d	l	o	y	u	d	i	s	t	x
q	k	p	h	p	g	i	i	m	k	q	b	x	o	v
o	p	c	u	w	q	k	n	n	q	b	q	k	w	s
w	k	f	a	z	d	y	m	g	g	m	e	w	j	r
a	n	g	v	j	l	j	j	w	o	n	s	k	y	k
v	h	x	s	t	k	u	e	d	i	b	l	n	f	m
h	n	t	r	b	n	k	u	s	t	q	r	j	a	n
q	n	y	u	g	l	m	m	q	s	t	n	h	d	l
r	c	a	l	d	k	v	b	m	d	t	q	f	h	t
v	i	e	m	j	n	p	a	t	d	r	o	w	s	g

Jack and the Beanstalk

Little Red _ _ _ _ _ _ _ _ _ _

_ _ _ _ White and the Seven _ _ _ _ _ _

The _ _ _ _ _ _ Book

_ _ _ _ _ _ Pan

The _ _ _ _ _ in the Stone

The Ugly _ _ _ _ _ _ _

_ _ _ _ _ _ _ _ and the Three Bears

37

job

employment

project

office

colleague

meeting

appointment

business

manager

co-worker

team

overseas

services

transportation

communication

career

Working words

All of these words are used in the world of work.
Can you find them in the grid?

o	v	e	r	s	e	a	s	w	r	l	s	j	t	x
r	p	e	v	t	r	z	s	z	a	p	o	n	c	b
e	d	v	u	f	e	y	a	e	u	b	e	e	a	u
k	v	y	e	g	g	a	f	i	g	m	z	t	r	s
r	a	f	c	b	a	w	m	c	y	c	i	t	e	i
o	y	f	i	z	n	e	u	o	r	y	z	n	e	n
w	n	d	f	f	a	d	l	x	b	d	a	e	r	e
o	g	u	f	u	m	p	m	l	f	e	a	m	u	s
c	q	d	o	v	m	b	c	j	o	g	t	t	a	s
g	n	i	t	e	e	m	r	x	c	c	u	n	w	z
x	t	r	a	n	s	p	o	r	t	a	t	i	o	n
k	c	o	m	m	u	n	i	c	a	t	i	o	n	t
e	z	h	z	k	b	t	c	e	j	o	r	p	l	a
n	h	d	z	p	y	c	b	x	n	g	f	p	a	w
v	s	e	r	v	i	c	e	s	t	q	g	a	i	y

What's your job?

What would you like to do for a job? Look at the list of jobs, then find the words in the grid.

a	r	b	h	v	e	o	d	o	g	l	s	t	s	n
g	e	d	b	p	w	t	g	y	w	d	k	l	b	w
f	k	a	h	m	o	w	y	z	o	l	q	v	v	o
l	r	s	x	a	r	k	w	c	s	k	g	v	q	l
d	o	t	l	w	g	e	t	b	b	p	f	z	w	c
r	w	r	p	m	a	o	t	c	j	w	q	v	r	u
a	e	o	f	i	r	e	f	i	g	h	t	e	r	v
u	s	n	a	p	c	c	l	e	a	n	e	r	d	t
g	u	a	w	k	t	u	f	n	b	w	a	l	t	s
e	f	u	p	d	e	c	h	g	u	a	c	z	e	i
f	e	t	s	i	t	n	e	i	c	s	t	t	a	r
i	r	j	i	p	r	e	c	n	a	d	o	m	c	o
l	t	y	b	u	v	g	r	e	z	y	r	y	h	l
d	g	e	b	b	s	r	e	e	f	i	o	l	e	f
z	z	z	v	n	e	d	z	r	c	o	w	r	r	y

astronaut

dancer

doctor

firefighter

florist

scientist

clown

waiter

actor

cleaner

refuse worker

lifeguard

teacher

vet

engineer

create

imagine

draw

paint

doodle

pens

pencils

collage

sculpture

mural

idea

photograph

paper

brushes

material

camera

Art attack

Let's get creative! Use lots of different pencils to mark these art words off the list as you find them in the grid.

s	n	k	z	u	e	n	p	r	f	r	i	m	u	d
e	u	b	e	f	g	n	a	e	c	f	o	u	f	q
h	r	b	p	e	n	c	i	l	s	q	o	k	m	v
s	u	j	x	z	g	e	n	g	f	k	o	t	y	l
u	b	p	o	r	o	r	t	b	a	y	s	p	e	b
r	g	o	l	f	p	u	q	r	n	m	g	z	g	d
b	a	t	c	s	h	t	h	d	k	l	i	d	a	o
b	o	t	n	t	o	p	e	t	a	e	r	c	l	o
q	q	e	b	r	t	l	c	c	h	j	q	z	l	d
a	p	q	u	n	o	u	c	q	d	u	u	v	o	l
n	e	o	k	p	g	c	q	r	l	o	r	a	c	e
m	c	d	s	a	r	s	a	x	a	r	e	m	a	c
x	f	v	i	k	a	w	m	a	t	e	r	i	a	l
r	f	o	p	a	p	e	r	n	h	l	a	r	u	m
v	v	a	f	n	h	r	f	x	q	b	t	o	d	n

Make believe

Here are some things you might find in a fairy tale! Write the word for each picture, then find them in the grid!

q	c	f	i	x	u	c	m	q	c	h	j	w	e	d
j	b	l	c	w	z	f	q	i	y	d	x	p	b	n
e	d	g	j	x	r	m	q	k	z	r	i	x	k	i
y	d	o	c	z	z	e	y	g	t	a	i	a	s	u
e	x	b	a	k	h	r	t	r	v	g	y	a	f	e
f	g	l	s	p	l	m	e	g	y	o	v	u	f	z
x	j	i	t	u	l	a	t	j	e	n	k	n	f	r
e	d	n	l	j	s	i	y	z	l	r	q	i	i	r
g	l	q	e	u	q	d	n	e	e	u	q	c	u	l
e	t	a	r	i	p	s	s	b	m	c	l	o	v	t
r	n	e	u	r	k	c	t	j	o	j	z	r	a	w
k	n	p	h	d	r	i	n	s	z	k	e	n	z	g
p	i	n	j	n	c	e	n	t	a	u	r	h	w	j
p	e	s	x	h	u	n	z	m	r	d	n	g	t	u
s	j	e	g	v	y	o	g	n	e	d	t	v	t	e

d _ _ _ _ n

t _ _ _ _ _ _ e

q _ _ _ n

g _ _ _ _ n

c _ _ _ _ e

u _ _ _ _ _ n

c _ _ _ _ _ r

m _ _ _ _ _ d

f _ _ _ y

p _ _ _ _ e

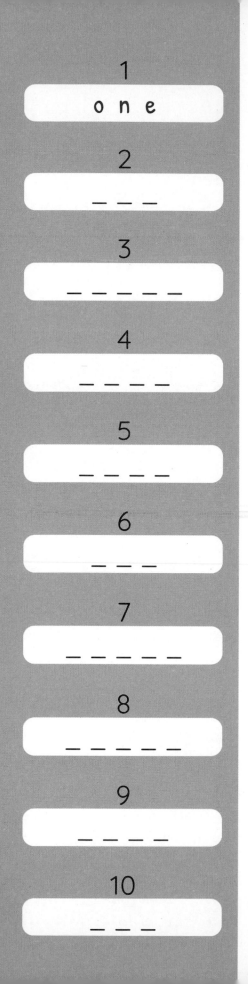

1

o n e

2

_ _ _

3

_ _ _ _ _

4

_ _ _ _

5

_ _ _ _

6

_ _ _

7

_ _ _ _ _

8

_ _ _ _ _

9

_ _ _ _

10

_ _ _

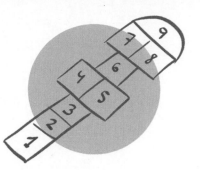

Numbers

Can you write the word for each number in the spaces? Then find all the words in the grid!

j	v	t	x	y	m	l	w	s	c	g	t	v	a	e
b	d	x	e	s	r	t	o	l	l	s	w	e	v	p
g	e	x	m	n	g	x	r	w	e	n	t	e	x	p
p	n	i	p	p	f	n	p	v	f	b	l	r	h	t
v	r	i	g	h	c	l	e	j	r	x	a	h	p	w
x	q	u	n	h	l	n	y	g	f	e	h	t	e	j
s	q	m	o	e	t	t	d	l	w	p	k	i	v	p
d	i	f	i	c	s	q	m	y	a	o	o	y	x	z
n	f	e	x	p	i	t	j	i	t	n	i	p	u	g
y	i	q	n	w	x	n	k	m	m	r	u	o	f	b
t	v	d	g	z	a	y	a	c	z	c	d	h	e	m
l	e	o	w	t	w	g	c	p	y	e	k	d	a	m
m	e	c	u	e	q	d	x	t	y	f	i	x	j	d
f	s	n	e	n	o	o	k	u	h	x	f	g	f	c
c	y	r	v	r	j	k	a	i	z	t	k	a	g	u

Birthday

These birthday words have been scrambled! Can you unscramble them, and then find them in the list?

y	y	t	r	a	p	o	e	u	e	w	n	d	f	c
n	y	j	f	c	b	e	d	g	q	e	c	r	e	g
v	n	c	g	p	r	e	s	e	n	t	f	a	s	m
d	j	i	j	i	i	m	t	g	e	o	f	c	i	v
h	l	o	u	f	q	e	d	n	m	c	r	b	r	e
o	e	c	n	a	d	p	q	i	x	z	y	a	p	v
v	b	i	p	g	r	z	j	g	d	h	j	l	r	i
r	a	o	s	l	s	c	q	n	j	k	e	l	u	c
p	v	j	q	p	c	q	z	i	k	r	x	o	s	g
s	v	j	f	u	s	a	j	s	w	c	f	o	k	p
b	f	b	b	z	v	c	n	a	k	u	o	n	r	r
p	p	s	f	b	x	c	a	d	z	a	i	f	y	c
x	d	a	a	o	n	m	g	k	l	l	d	w	y	f
s	t	a	e	r	t	l	m	q	e	e	s	f	x	i
b	d	z	r	a	b	d	t	g	x	t	s	b	q	i

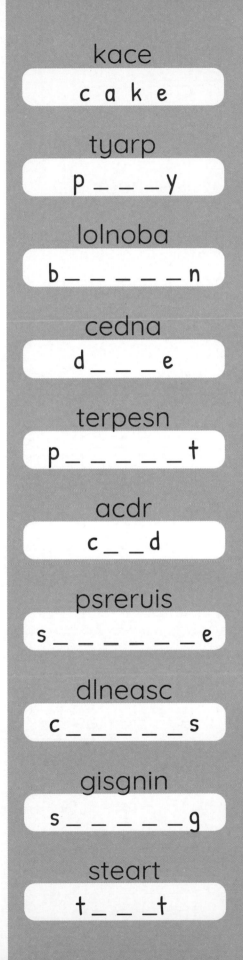

kace

c a k e

tyarp

p _ _ _ y

lolnoba

b _ _ _ _ _ n

cedna

d _ _ _ e

terpesn

p _ _ _ _ _ t

acdr

c _ _ d

psreruis

s _ _ _ _ _ _ e

dlneasc

c _ _ _ _ _ s

gisgnin

s _ _ _ _ _ g

steart

t _ _ _ t

Pierre the chef chops vegetables and mixes them in a pan. He washes tomatoes and slices them. Next, he stirs the saucepan and pours in hot stock. He chooses a clean frying pan and fries pieces of meat. He adds them to the stew. Finally, Pierre cleans the kitchen.

Kitchen words

It's busy in the kitchen! Can you circle all the verbs in this story? Then find them in the grid.

b	b	r	w	i	s	n	x	b	s	e	x	i	m	m
r	x	y	m	u	s	e	b	o	a	j	i	a	w	c
a	m	s	t	k	e	x	s	c	l	e	a	n	s	h
n	d	l	k	o	f	e	p	o	u	r	s	c	k	t
b	c	i	u	l	c	j	x	j	o	u	e	h	y	n
a	k	c	u	g	w	o	o	z	y	h	o	o	n	g
g	b	e	a	k	a	f	l	y	c	r	c	p	c	z
w	w	s	i	p	d	t	x	k	d	n	x	s	k	n
d	a	x	q	e	n	z	v	s	p	u	h	p	a	q
o	d	y	a	t	x	z	r	u	e	d	g	o	z	t
e	d	w	c	n	q	a	u	q	v	i	j	t	b	g
z	s	x	z	y	u	h	q	y	b	w	r	g	y	h
n	o	m	i	m	j	o	j	l	q	e	w	f	l	k
q	u	p	l	j	r	x	b	m	q	f	m	s	q	y
m	c	s	e	h	s	a	w	t	b	s	r	i	t	s

Fruit and veg

There are lots of fruits and vegetables in this list. Can you circle all the fruits? Then find all the words in the grid.

f	i	l	d	w	e	a	e	f	h	c	a	e	p	c
o	z	n	v	p	n	m	l	m	r	a	m	c	a	a
n	z	n	n	a	f	e	p	l	m	b	u	u	h	u
i	m	h	n	p	p	f	p	h	o	b	p	c	h	l
u	l	a	c	m	a	i	a	g	d	a	p	u	s	i
q	b	o	i	y	e	h	n	g	d	g	l	m	i	f
y	h	o	c	t	p	a	c	e	x	e	u	b	n	l
q	j	v	g	c	m	t	j	a	a	b	m	e	f	o
n	x	x	u	p	o	n	r	q	w	p	s	r	o	w
r	o	g	j	u	d	r	n	p	b	a	p	v	c	e
n	n	i	r	j	n	a	b	d	b	l	y	l	t	r
a	r	o	n	a	w	p	c	a	r	r	o	t	e	d
k	b	d	t	o	p	t	y	v	q	n	o	g	e	i
e	g	n	a	r	o	e	h	i	y	v	e	j	l	t
h	o	w	p	e	s	r	s	s	w	a	j	g	s	i

pineapple

cucumber

grapes

carrot

apple

onion

banana

orange

broccoli

mango

cauliflower

plum

cabbage

peach

pea

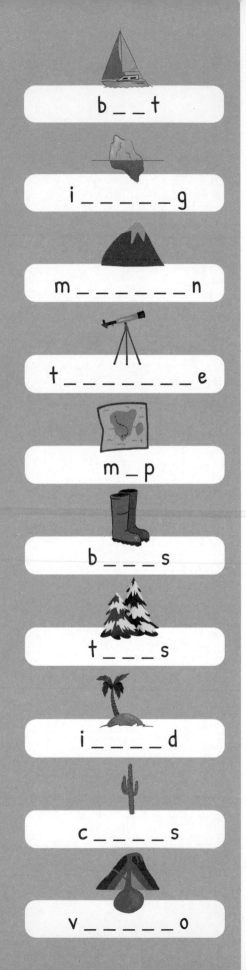

b _ _ t

i _ _ _ _ _ g

m _ _ _ _ _ n

t _ _ _ _ _ _ e

m _ p

b _ _ _ s

t _ _ _ s

i _ _ _ _ d

c _ _ _ _ s

v _ _ _ _ _ o

Having an adventure

It's great to go on an adventure! Write the words for these things you might see. Then find them in the grid!

s	b	i	b	i	b	o	y	t	v	y	e	e	v	e
y	p	d	w	s	i	y	b	r	a	o	b	c	y	p
z	z	x	h	l	u	v	l	i	i	o	x	i	c	o
j	l	u	n	a	f	o	s	r	b	n	b	p	t	c
e	g	q	w	n	l	l	a	h	y	z	c	e	c	s
b	x	b	j	d	n	c	j	z	s	e	e	r	t	e
r	b	k	h	h	q	a	q	i	r	e	h	l	u	l
n	t	k	b	z	r	n	a	i	n	t	k	c	n	e
i	z	s	t	c	a	o	p	f	i	b	d	p	i	t
n	y	s	t	k	u	i	v	s	s	q	n	m	a	t
o	o	u	b	o	q	s	a	j	h	m	v	g	t	v
x	j	t	c	q	o	l	e	g	r	b	m	t	n	u
z	r	c	v	c	t	b	y	t	x	f	a	q	u	q
e	k	a	i	g	r	e	b	e	c	i	p	x	o	k
f	h	c	y	x	j	i	q	h	j	c	m	i	m	r

Compass words

Here are lots of expedition words. Take a look through the list, then explore the grid to find them!

h	x	n	c	q	j	h	o	t	h	p	o	k	t	f
q	j	m	t	n	g	j	s	t	o	s	o	g	e	m
r	s	o	u	t	h	e	r	l	f	t	d	q	r	z
u	u	r	v	o	w	o	e	g	k	n	r	i	o	t
m	a	m	y	o	n	s	q	i	q	i	j	v	l	j
i	s	c	h	a	y	k	r	m	t	o	m	w	p	h
s	y	f	b	d	s	a	b	e	l	p	h	u	x	o
s	e	e	k	v	s	c	g	g	v	s	n	h	e	r
i	p	y	p	e	a	u	v	e	a	o	c	t	y	i
o	j	o	l	n	p	w	d	q	v	r	c	b	g	z
n	p	x	s	t	m	w	t	s	a	e	b	s	s	o
w	x	c	h	u	o	l	l	e	c	w	d	j	i	n
n	l	x	p	r	c	q	s	s	q	u	v	t	j	d
f	q	a	b	e	v	r	p	q	d	b	i	j	r	l
s	m	z	y	x	h	w	r	z	b	f	r	p	c	y

north

south

east

west

horizon

poles

map

compass

points

search

discover

voyage

adventure

explore

seek

mission

hello

goodbye

good morning

good evening

good afternoon

welcome

please

thank you

no problem

breakfast

lunch

dinner

house

car

drink

eat

Everyday words

You might use these words every day. Choose a sharp pencil and circle them all in the grid.

r	y	h	y	y	j	c	g	g	o	p	d	x	j	q
e	s	a	e	l	p	o	k	t	k	t	t	h	k	l
n	e	q	i	t	h	a	n	k	y	o	u	r	o	y
n	d	m	h	c	n	u	l	h	v	d	v	p	a	h
i	t	i	o	e	y	b	d	o	o	g	p	n	g	c
d	s	a	f	c	x	d	i	h	j	u	o	x	n	r
s	a	x	z	e	l	s	k	d	m	p	s	a	i	k
h	f	o	l	k	j	e	b	r	r	s	k	e	n	l
q	k	q	c	r	b	j	w	o	k	n	p	w	r	k
q	a	e	q	l	h	i	b	g	i	g	o	x	o	g
d	e	h	d	t	c	l	g	r	j	h	m	k	m	f
q	r	o	l	l	e	h	d	e	x	e	i	r	d	y
o	b	c	h	m	b	k	a	j	a	h	o	b	o	o
g	o	o	d	a	f	t	e	r	n	o	o	n	o	r
j	g	o	o	d	e	v	e	n	i	n	g	r	g	s

Toy time

We all like playing with toys. Can you write the names for these toys, then circle them in the grid with a bright pencil?

w	b	e	t	z	q	w	x	c	s	l	p	m	p	v
d	z	e	c	s	w	t	r	c	c	d	w	o	t	t
n	r	e	q	b	w	h	d	q	z	l	s	k	a	k
g	e	u	p	j	v	i	o	r	l	c	s	e	p	e
h	e	n	r	f	n	y	n	a	a	d	t	k	r	w
u	a	c	c	r	o	d	b	a	r	x	s	c	u	n
i	i	y	a	y	i	a	f	a	u	s	q	i	b	r
e	b	w	s	c	e	l	c	y	c	i	r	t	b	g
m	a	i	v	p	h	i	a	d	y	s	i	s	e	i
i	h	r	e	r	k	e	r	o	l	u	c	o	r	r
f	s	u	e	c	x	n	d	i	c	e	y	g	d	p
j	a	c	k	i	n	t	h	e	b	o	x	o	u	c
j	p	e	p	i	h	s	e	t	a	r	i	p	c	h
f	d	a	n	n	w	g	o	g	x	g	i	k	k	z
l	m	s	v	h	t	g	g	n	h	e	g	f	f	n

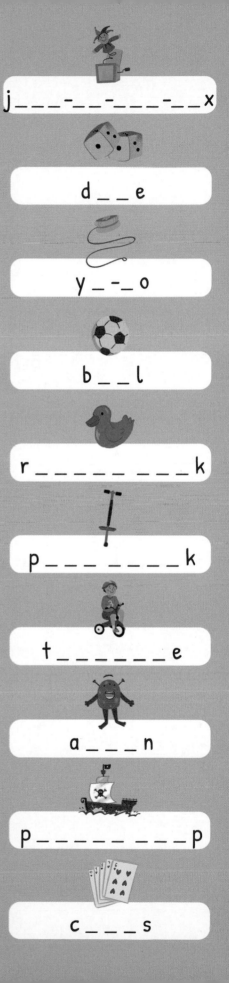

j _ _ _ _ - _ _ - _ _ _ - _ x

d _ _ e

y _ - _ o

b _ _ l

r _ _ _ _ _ _ _ _ _ k

p _ _ _ _ _ _ _ k

t _ _ _ _ _ _ e

a _ _ _ n

p _ _ _ _ _ _ _ _ _ p

c _ _ _ s

Monday

Tuesday

Wednesday

Thursday

Friday

Saturday

Sunday

January

February

March

April

May

June

July

August

September

October

November

December

Days and months

What's the date today? Let's take a look at the words for months and days. Then you can find them in the grid.

n	u	r	n	g	u	k	u	a	m	t	l	r	q	r
k	s	w	e	s	a	t	u	r	d	a	y	e	l	e
v	i	i	r	b	a	m	m	w	n	e	m	j	n	b
y	e	w	m	p	m	j	z	k	n	j	i	v	r	m
u	o	l	r	z	w	e	d	n	e	s	d	a	y	e
l	g	i	h	y	p	t	c	o	a	v	w	j	y	v
r	l	l	b	y	t	s	x	e	c	n	d	a	r	o
f	o	y	h	a	e	u	z	k	d	t	d	s	k	n
h	r	m	j	d	y	g	e	p	a	i	o	m	a	y
s	c	u	c	n	o	u	v	s	r	e	m	b	c	w
z	l	r	p	o	c	a	u	f	d	a	i	a	e	l
y	l	t	a	m	f	e	b	r	u	a	r	y	e	r
x	w	i	e	m	y	a	d	n	u	s	y	g	n	l
g	x	f	r	e	b	m	e	t	p	e	s	o	u	t
t	h	u	r	s	d	a	y	r	a	u	n	a	j	j

Building site

A building site is a busy place. Write down the names of the equipment, then dig them out of the grid!

l	m	r	e	x	i	m	t	n	e	m	e	c	m	e
h	k	e	n	o	c	q	x	g	c	v	u	s	i	t
m	z	r	v	n	v	r	h	t	x	c	d	u	c	t
f	a	x	z	g	r	u	a	j	t	q	n	p	t	j
s	c	m	m	e	o	a	r	r	n	h	o	y	d	j
f	h	t	m	b	t	y	o	e	c	p	x	h	w	c
c	l	m	f	c	a	o	r	k	g	i	u	y	h	h
u	a	a	r	z	r	t	c	e	g	g	t	u	j	e
h	v	a	y	m	o	f	e	e	o	r	i	u	d	e
f	n	w	c	u	c	a	v	k	a	n	z	d	m	l
e	l	a	d	d	e	r	v	b	c	o	x	b	g	v
w	m	n	i	s	d	u	d	z	u	u	d	w	c	a
l	l	c	e	t	p	q	a	w	i	p	b	h	b	i
l	t	x	l	l	a	b	g	n	i	k	c	e	r	w
t	h	e	u	w	e	j	s	f	i	x	s	a	w	e

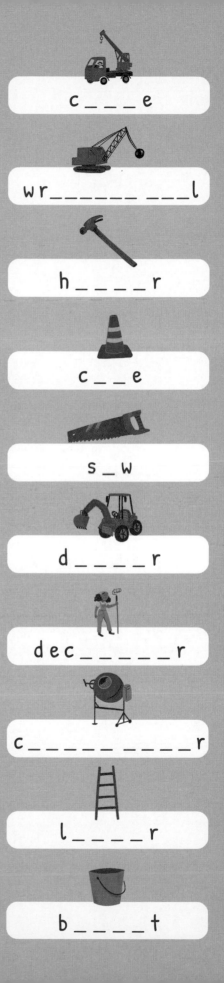

c _ _ _ e

wr_____ ___l

h _ _ _ _ r

c _ _ e

s _ w

d _ _ _ _ r

dec _ _ _ _ _ _ r

c _ _ _ _ _ _ _ _ _ r

l _ _ _ _ r

b _ _ _ _ t

history

future

ancient

elderly

new

antique

young

senior

junior

mature

immature

modern

vintage

retro

recent

current

Old and new

There are lots of words that mean *new* and lots that mean *old*.
Take a look through the list, then circle them in the grid.

t	w	r	w	q	b	e	d	q	h	h	s	p	m	x
u	h	e	c	s	r	j	m	a	n	t	i	q	u	e
i	y	p	n	u	n	o	y	l	f	o	h	s	r	k
k	x	p	t	v	e	i	i	j	j	d	d	e	k	n
z	c	u	r	r	e	n	t	n	r	x	u	o	l	r
j	f	h	c	y	t	w	y	e	e	v	l	b	v	e
u	t	w	m	s	e	y	t	w	h	s	d	i	u	d
n	v	e	w	l	r	r	a	n	c	i	e	n	t	o
i	i	r	c	i	o	p	f	r	e	c	e	n	t	m
o	m	u	s	p	p	y	l	r	e	d	l	e	m	j
r	a	t	f	v	u	z	e	m	j	m	j	g	a	r
t	t	a	z	s	h	i	s	t	o	r	y	s	t	l
c	u	m	y	o	u	n	g	n	k	a	r	n	k	v
y	r	m	z	c	h	z	a	e	v	n	w	y	f	q
q	e	i	x	f	v	i	n	t	a	g	e	p	d	f

Ancient worlds

Ancient Greece and ancient Egypt were great civilizations! Find these topic words in each of the mini-grids.

n	s	e	e	r	t	e	v	i	l	o
m	o	n	e	t	q	x	q	e	n	w
u	a	n	d	s	f	v	j	x	g	p
l	s	j	e	h	a	g	y	c	c	c
o	d	r	i	h	c	v	j	d	i	h
c	c	n	a	b	t	r	p	n	b	g
w	o	x	y	l	g	r	u	p	r	s
v	i	w	x	u	l	t	a	e	a	m
q	n	f	r	s	g	i	e	p	j	v
t	s	z	a	t	j	c	p	q	z	l
f	r	r	x	o	e	k	p	p	m	h

Greek

GREEK

Greece

coins

olive trees

vase

pillar

tunic

column

Parthenon

GREEK

Greece

coins

olive trees

vase

pillar

tunic

column

Parthenon

Egyptian

l	e	x	d	l	j	d	a	h	y	s
k	t	s	w	e	o	u	o	e	d	u
t	c	r	d	w	s	a	x	i	d	g
p	y	p	n	i	r	e	w	k	r	a
y	x	i	l	a	m	a	r	n	b	h
g	n	r	h	d	u	a	o	t	s	p
e	i	p	q	u	m	e	r	z	k	o
g	h	q	m	e	m	q	a	y	c	c
h	p	u	l	i	y	s	c	j	p	r
w	s	i	d	i	h	y	o	u	v	a
j	n	q	r	h	q	l	j	o	e	s

EGYPTIAN

Egypt

desert

pyramids

mummy

sarcophagus

Nile

pharaoh

sphinx

eyes

hand

finger

head

foot

toe

back

chest

mouth

shoulder

hips

arm

ears

leg

neck

nose

Parts of the body

Wave your arms and shake your legs! These are all words for body parts. Use your eyes to find them in the grid.

r	c	z	f	d	d	p	c	z	s	r	a	e	q	s
i	h	b	o	n	g	i	p	g	e	l	q	r	w	h
a	d	g	o	a	u	f	t	e	k	c	e	n	m	o
e	y	o	m	h	d	p	s	h	x	o	x	n	u	u
n	y	k	u	n	k	f	e	t	w	l	i	h	h	l
h	f	e	e	y	c	n	h	u	n	o	s	e	i	d
z	i	z	s	m	l	h	c	o	u	d	u	l	p	e
k	n	r	s	c	e	t	z	m	k	b	r	m	s	r
q	g	x	w	a	o	o	h	p	w	a	r	l	l	r
o	e	s	d	o	s	c	g	o	y	c	b	e	d	o
z	r	j	f	t	m	j	t	s	i	k	t	h	d	t
h	u	v	a	q	n	z	g	a	v	o	r	k	w	a
e	b	u	c	g	q	x	t	x	e	o	v	c	v	i
t	f	p	p	m	p	c	x	g	j	v	o	a	x	g
v	c	p	d	h	r	g	j	y	o	c	v	j	v	t

At the hospital

When you visit the hospital, there are lots of things to see.
Can you find all of these words in the grid?

l	n	i	v	n	f	a	y	t	d	i	d	l	e	n
a	o	x	m	a	o	r	l	t	i	e	g	g	j	e
t	i	y	z	k	x	e	o	r	b	s	n	k	p	o
i	t	t	m	l	l	z	g	l	k	i	c	o	o	q
p	c	h	r	c	n	e	i	r	r	r	c	g	p	v
s	e	j	b	w	s	z	m	y	u	s	l	g	e	x
o	j	q	j	r	d	z	s	t	o	s	k	d	r	e
h	n	p	u	o	b	o	c	h	r	a	y	m	a	m
f	i	n	c	a	i	h	t	z	y	x	e	b	t	e
i	p	t	w	h	e	e	l	c	h	a	i	r	i	d
u	o	b	l	s	t	z	w	n	r	q	a	y	o	i
r	p	l	a	s	t	e	r	c	a	s	t	m	n	c
j	j	o	t	a	m	b	u	l	a	n	c	e	u	i
s	i	c	m	r	z	h	d	a	i	y	a	r	x	n
w	a	i	t	i	n	g	r	o	o	m	i	y	y	e

doctor

surgeon

nurse

ambulance

wheelchair

medicine

bed

injection

plaster cast

crutches

stethoscope

X-ray

operation

waiting room

hospital

syringe

huge

tiny

colossal

minute

enormous

miniscule

giant

immense

mini

mammoth

weeny

vast

teeny

gigantic

Big and small words

Can you circle all the words that mean small?
Then find all the words in the big grid!

o	s	i	i	n	a	g	n	a	q	z	y	g	r	p
y	k	u	c	i	t	m	p	z	t	e	m	n	c	m
o	e	g	o	i	c	i	j	t	o	d	f	i	l	w
c	m	p	x	m	i	n	u	t	e	m	t	g	e	v
n	o	c	d	a	r	i	p	q	a	n	v	e	d	s
s	h	u	r	m	o	o	c	k	a	e	n	g	x	e
y	l	z	w	p	l	f	n	g	m	y	m	w	f	l
q	c	a	x	k	c	t	i	e	n	a	y	m	q	u
d	i	i	t	c	f	g	s	t	m	e	c	h	i	c
t	m	m	i	s	i	k	r	m	e	v	v	m	f	s
e	d	m	n	c	o	l	o	s	s	a	l	l	h	i
e	m	e	y	v	w	t	p	g	e	q	z	u	k	n
n	v	n	l	a	h	w	z	d	t	c	g	b	b	i
y	h	s	b	s	i	c	f	g	t	e	q	k	o	m
t	c	e	s	t	q	l	h	t	n	a	i	g	d	u

Big and small animals

Write the words under the pictures. Then find all the *small* animals in one grid, and the *big* animals in the other.

w	o	j	u	k	e	r	d	h	g	l
u	m	l	r	v	m	w	w	x	t	i
c	e	s	o	o	m	p	f	q	g	l
c	v	r	n	l	m	e	p	i	z	y
z	b	u	l	e	j	y	r	y	l	h
e	x	n	g	a	i	a	o	a	l	o
y	n	z	i	y	f	x	d	j	a	r
j	y	e	a	f	y	n	d	j	m	s
g	l	i	e	c	a	y	h	i	a	e
i	w	t	n	p	q	g	v	x	t	k
d	t	l	m	a	d	h	r	g	e	s

Big animals

f	s	q	u	i	r	r	e	l	c	j
x	r	f	f	q	p	y	x	g	x	a
s	t	t	q	b	h	j	f	o	x	e
b	e	i	n	e	w	t	i	h	t	h
f	d	s	b	d	p	m	j	e	m	t
h	l	c	x	b	o	n	s	g	y	i
j	j	y	j	l	a	y	n	d	x	w
t	h	c	e	v	x	r	a	e	x	f
u	w	r	b	s	g	w	i	h	g	c
z	e	o	k	n	w	f	l	m	v	p
s	o	u	l	x	s	x	w	g	k	w

Small animals

h _ _ _ e

s _ _ _ _ _ _ l

l _ _ x

h _ _ _ _ _ _ g

m _ _ _ e

r _ _ _ _ t

g _ _ _ _ _ e

s _ _ _ l

p _ _ _ a

m _ _ e

l _ _ _ a

n _ _ t

57

INDIAN ANIMALS

cobra

tiger

rhinoceros

elephant

pangolin

stork

AUSTRALIAN ANIMALS

echidna

platypus

emu

koala

wombat

crocodile

Indian and Australian

Some of these animals live in India. Some live in Australia. Can you find them in the mini-grids?

t	x	v	c	q	s	l	c	i	w	r
n	q	r	r	k	y	o	r	f	x	z
a	e	a	n	e	b	u	k	p	l	y
h	r	c	z	r	g	q	c	p	y	k
p	f	b	a	w	n	i	a	t	r	x
e	p	j	q	e	i	n	t	o	r	u
l	x	z	s	b	g	f	t	r	u	e
e	q	k	f	o	h	s	r	a	x	y
b	s	q	l	j	p	t	x	j	y	l
r	h	i	n	o	c	e	r	o	s	c
i	n	f	s	m	q	o	o	y	b	n

Indian animals

Australian animals

t	f	k	h	t	s	d	f	x	o	d
d	a	f	o	y	l	r	a	f	q	s
i	m	b	x	t	u	e	w	u	v	u
z	s	t	m	p	g	m	f	e	b	p
f	g	v	w	o	c	d	e	w	t	y
m	a	o	a	k	w	g	c	v	f	t
q	a	l	d	e	c	h	i	d	n	a
k	j	n	a	w	b	h	k	x	r	l
c	r	o	c	o	d	i	l	e	r	p
s	k	f	g	x	k	m	z	d	c	m
r	r	a	l	n	q	g	y	v	e	e

Desert life

Even though it can be very hot, some animals live in the desert! Find all of the desert words in the grid.

g	n	k	m	f	q	n	c	f	k	g	e	l	s	b
c	u	k	e	o	s	c	i	k	u	w	f	r	d	h
a	j	d	d	l	u	n	i	c	r	n	o	f	t	u
c	l	w	h	v	b	s	u	r	x	a	f	i	o	c
t	h	l	e	m	a	c	e	o	d	x	m	a	i	p
u	t	a	k	r	e	e	m	r	o	b	s	g	l	b
s	u	n	n	k	e	w	u	j	u	i	u	g	d	e
b	g	o	o	h	r	n	g	k	s	a	g	b	e	p
e	a	i	x	p	n	e	r	e	n	s	f	z	r	o
e	z	p	f	e	p	e	w	a	c	v	a	o	s	l
t	e	r	r	u	d	t	v	w	t	k	m	n	x	e
l	l	o	l	i	h	f	k	r	v	k	o	k	d	t
e	l	c	p	d	u	n	e	s	a	r	e	v	j	n
k	e	s	k	x	s	h	o	l	u	o	t	p	v	a
v	h	d	c	k	y	c	r	n	u	i	i	u	w	m

sand

cactus

oasis

dunes

camel

meerkat

roadrunner

fox

gazelle

beetle

antelope

mouse

iguana

gecko

spider

scorpion

Double meanings

Can you choose the right word to use in each pair of sentences?
We've done the first one. Find the new words in the grid.

o	z	x	c	j	m	j	h	d	r	y	j	h	n	l
g	h	r	r	r	m	n	e	k	r	a	b	z	c	l
o	d	s	i	n	k	y	p	h	j	z	q	o	f	e
a	p	a	p	e	t	a	d	c	i	p	p	s	b	f
p	t	o	l	f	v	n	r	y	g	g	a	o	s	t
g	r	a	c	a	p	t	p	y	p	e	r	r	c	m
d	t	j	t	z	z	t	s	o	l	q	l	a	k	s
w	u	x	u	z	g	u	i	g	c	d	d	j	h	m
d	a	t	e	a	y	n	e	o	l	k	l	m	k	y
b	y	j	m	g	t	z	n	i	q	m	j	s	d	n

The <u>date</u> today is October 6.
The dogs _ _ _ _ at the ducks.
I will _ _ _ _ the car on the drive.
There is just a _ _ _ _ left in the bottle.
Turn _ _ _ _ at the lights.
Choose a pencil with a sharp _ _ _ _ _ _.
Wash your hands in the _ _ _ _.

A <u>date</u> is a sweet dried fruit.
The tree has thick _ _ _ _.
Let's go and play at the _ _ _ _.
Don't _ _ _ _ the eggs!
I don't want to be _ _ _ _ behind.
We _ _ _ _ _ at the monkeys in the zoo.
The toy boat will _ _ _ _ if it gets too wet.

Let's celebrate

People celebrate many occasions around the world.
Can you find these special festivals in the grid?

d	i	a	d	e	l	o	s	m	u	e	r	t	o	s
j	c	w	g	z	t	e	e	a	s	t	e	r	y	a
e	h	i	n	k	k	d	w	z	w	r	d	l	a	r
x	i	l	i	w	f	b	g	e	g	t	c	a	d	g
x	n	a	v	a	e	p	k	i	i	i	c	v	s	i
n	e	w	i	n	x	w	v	h	b	f	h	i	k	d
e	s	i	g	z	m	w	k	h	b	l	r	n	c	r
e	e	d	s	a	t	a	o	g	w	a	i	r	i	a
w	n	d	k	a	s	l	m	b	p	d	s	a	r	m
o	e	w	n	i	i	v	v	h	v	i	t	c	t	j
l	w	o	a	d	r	s	i	e	v	e	m	h	a	t
l	y	v	h	a	n	u	k	k	a	h	a	g	p	q
a	e	l	t	c	h	i	c	n	f	e	s	z	t	p
h	a	p	a	s	s	o	v	e	r	o	p	y	s	d
l	r	m	j	w	i	c	x	u	r	m	o	g	h	i

Christmas

Easter

Chinese New Year

Holi

Diwali

Eid al-Fitr

Thanksgiving

Carnival

Día de los Muertos

Hanukkah

Vaisakhi

Kwanzaa

Passover

St. Patrick's Day

Mardi Gras

Halloween

Fun words

Here are some words you can use when you are having fun!
Enjoy finding them in the puzzle!

fun
enjoy
play
laugh
pleasure
happy
delight
giggle
relax
joy
merry
glee
excited
smile
clap
dance

l	h	g	u	a	l	t	e	a	q	t	q	e	t	w
g	w	k	j	t	q	k	p	v	e	l	i	m	s	s
c	y	t	f	p	v	b	c	a	r	f	l	w	l	i
q	p	j	m	y	l	z	e	e	l	g	g	i	g	r
m	p	k	w	j	n	e	c	g	y	v	g	y	j	d
e	a	r	g	n	v	z	a	r	x	l	d	r	t	d
o	h	w	t	v	w	m	y	s	e	y	x	r	h	r
e	v	m	s	o	h	e	o	e	u	x	j	e	g	o
c	w	u	u	n	k	x	j	f	x	r	e	m	i	q
l	f	b	b	y	s	c	v	n	r	a	e	r	l	c
a	e	t	l	x	w	i	o	s	p	l	z	y	e	v
p	t	n	l	c	u	t	x	z	a	l	m	l	d	j
m	u	t	j	f	r	e	l	a	x	s	a	w	x	h
t	l	d	u	o	t	d	a	n	c	e	j	y	m	l
u	e	n	m	q	y	q	u	o	d	t	j	p	b	c

At the circus

You will see some amazing sights at the circus! Use the picture clues to complete the words, then find them in the grid.

x	l	q	r	d	b	a	l	o	g	o	s	v	w	r
e	e	z	s	c	c	w	l	d	a	m	n	r	k	t
b	z	w	t	r	j	n	j	f	n	a	t	i	m	r
x	a	g	o	s	w	d	z	n	i	m	k	n	s	a
c	q	b	l	o	i	f	f	c	n	j	j	g	t	p
f	a	i	l	t	s	l	e	e	q	p	f	m	i	e
t	p	c	c	m	t	i	c	k	b	v	z	a	l	z
m	f	c	x	m	r	l	b	y	a	q	b	s	t	e
o	p	j	r	o	o	m	v	b	c	w	m	t	w	a
r	u	n	t	h	n	v	v	l	d	i	r	e	a	r
u	w	i	e	c	g	u	g	n	v	s	n	r	l	t
w	x	w	n	z	m	n	q	s	p	r	x	u	k	i
j	l	t	t	f	a	j	u	g	g	l	e	r	e	s
y	n	b	v	j	n	k	q	x	w	z	j	i	r	t
t	i	g	h	t	r	o	p	e	w	a	l	k	e	r

j _ _ _ _ _ r

a _ _ _ _ _ _ t

s _ _ _ _ _ _ _ _ n

t _ _ t

u _ _ _ _ _ _ _ _ _ t

c _ _ _ n

tigh_ _ _ _ _ _ _ _ _ _ r

t _ _ _ _ _ _ _ _ _ _ _ _ t

r _ _ _ _ _ _ _ _ r

s _ _ _ _ _ _ _ _ _ _ _ r

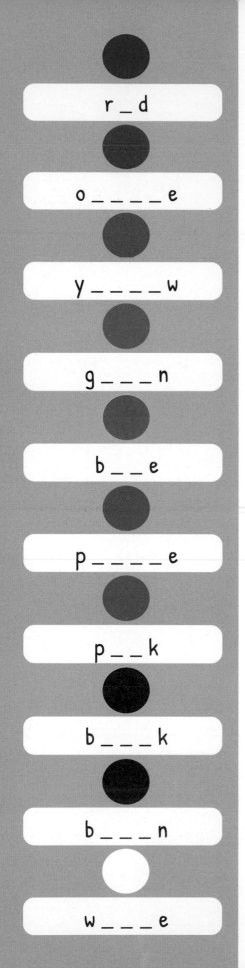

r _ d

o _ _ _ _ e

y _ _ _ _ w

g _ _ _ n

b _ _ e

p _ _ _ _ e

p _ _ k

b _ _ _ k

b _ _ _ n

w _ _ _ e

Rainbow days

Bright shades fill the world around you! Write the name of each paint spot, then find the words in the grid.

w	p	q	i	e	s	x	w	a	s	j	b	e	j	c
e	u	l	b	b	p	h	k	y	b	o	k	l	v	d
l	u	o	k	g	i	r	j	r	e	j	f	y	g	e
p	n	n	i	t	v	w	o	r	o	l	h	h	d	r
r	y	e	e	t	e	w	e	t	u	o	l	i	h	e
u	a	u	q	e	n	i	m	a	c	i	n	o	z	w
p	b	k	i	c	r	b	d	p	c	i	w	i	w	h
b	p	x	n	g	y	g	o	p	z	s	x	k	k	o
f	v	c	d	i	h	h	b	w	y	f	b	t	n	p
l	g	k	x	q	p	h	v	v	n	b	y	a	c	b
l	r	v	k	n	j	b	i	m	k	g	l	d	j	j
l	e	z	q	h	y	u	r	a	d	l	l	a	z	u
t	x	t	a	l	t	c	g	q	i	f	h	e	c	w
c	u	m	u	o	u	e	v	p	r	i	v	l	m	k
b	q	b	g	o	d	e	j	e	o	r	a	n	g	e

Coral reef

Can you write the names of these coral reef creatures? Then complete the puzzle.

s	a	b	e	l	z	h	r	d	m	n	e	p	o	y
h	i	u	y	d	o	h	s	i	f	n	w	o	l	c
s	r	p	o	p	m	h	a	j	s	b	s	s	l	r
i	f	o	r	n	i	p	k	n	i	h	e	t	g	a
f	b	r	s	h	n	e	c	m	e	p	a	k	y	b
y	s	e	h	m	m	h	o	p	m	m	h	r	x	j
l	t	c	e	s	x	m	r	h	a	s	o	e	k	i
l	a	r	t	s	i	n	a	i	s	o	r	n	t	w
e	r	i	h	y	f	f	l	b	e	r	s	d	e	k
j	f	y	l	v	c	c	l	s	a	j	e	s	q	x
p	i	p	i	i	y	g	v	e	a	q	v	r	h	f
a	s	u	i	h	m	u	q	x	g	g	g	r	v	d
i	h	y	d	e	e	w	a	e	s	n	o	q	z	i
g	o	d	j	g	m	y	x	f	x	p	a	f	s	g
y	m	h	q	k	n	u	q	i	s	v	f	u	s	q

s _ _ _ k

a n e _ _ _ e

j _ _ _ _ _ _ _ h

c _ _ _ l

s _ _ _ _ _ _ e

c _ _ b

s _ _ _ _ _ d

c _ _ _ _ _ _ _ _ h

a n g _ _ _ _ _ h

s _ _ _ _ _ h

books

shelves

librarian

borrow

search

alphabet

fiction

information

stories

posters

reading

character

villain

hero

wonderland

wish

Library

We're at the library. Can you find all of these library words in the grid below? Circle them with a bright pencil!

c	d	u	b	t	h	f	h	s	t	o	r	i	e	s
y	n	m	t	i	n	f	o	r	m	a	t	i	o	n
y	a	r	w	e	u	x	c	h	l	s	w	u	y	b
c	l	b	e	z	b	t	y	y	k	x	o	a	i	v
n	r	z	e	t	k	a	x	p	w	x	r	z	j	s
i	e	f	m	h	c	n	h	b	i	a	r	d	r	k
a	d	s	e	a	i	a	p	p	q	l	o	s	s	o
l	n	r	w	m	p	i	r	s	l	a	b	s	h	o
l	o	e	x	d	f	r	d	a	x	a	e	o	e	b
i	w	t	d	c	i	a	q	x	h	a	j	o	l	f
v	z	s	b	t	c	r	x	a	r	c	q	h	v	t
o	m	o	e	z	t	b	b	c	p	y	s	m	e	q
c	p	p	b	p	i	i	h	g	y	i	l	w	s	l
o	d	i	h	k	o	l	d	x	w	s	w	n	v	g
e	d	j	l	q	n	m	i	r	e	a	d	i	n	g

Alice in Wonderland

Try to name all of these pictures from the story of Alice in Wonderland. Then find them in the grid.

p	o	t	i	o	n	u	s	u	d	e	p	p	f	h
i	l	m	b	e	l	g	p	t	s	q	t	z	u	q
d	v	x	e	m	a	g	a	f	c	p	t	j	g	u
j	c	u	a	p	c	h	k	n	i	e	e	m	f	g
y	q	a	p	x	z	z	j	o	a	r	u	j	g	b
e	c	a	t	x	k	j	k	p	f	o	q	x	e	x
t	w	y	x	e	u	m	o	s	u	m	o	i	l	k
b	n	a	o	p	r	t	l	s	x	l	r	j	o	f
u	e	j	w	i	j	p	a	g	m	r	c	o	r	t
o	z	u	c	a	e	l	i	n	o	p	b	l	q	c
x	q	a	o	w	i	n	o	l	t	c	l	u	s	h
v	t	t	e	c	k	a	a	t	l	i	x	b	z	z
c	e	z	e	t	y	e	f	t	t	a	w	b	e	b
d	z	t	u	j	v	s	k	k	e	u	r	x	i	m
n	l	r	a	b	b	i	t	u	o	y	o	q	q	u

A _ _ _ e

r _ _ _ _ t

t _ _ _ _ t

q _ _ _ n

p _ _ _ _ n

c _ _ _ _ _ _ t

c _ t

b _ _ k

h _ t

c _ _ _ _ _ _ _ _ _ r

67

win

lose

compete

try

score

team

goal

net

ball

racket

court

pitch

training

kit

stick

field

gym

Be a sport!

Read through this list of words you use when playing sports.
Then complete the puzzle to win!

x	t	e	k	c	a	r	t	t	e	a	m	j	f	m
o	a	a	z	g	j	g	h	w	k	u	z	b	x	z
e	m	q	c	u	u	m	v	c	e	s	o	l	g	c
k	k	n	e	l	f	s	i	c	d	l	k	y	a	v
j	h	p	i	i	c	t	e	v	h	l	m	e	m	l
u	c	d	e	w	s	i	t	u	c	a	b	c	f	r
f	j	l	x	b	e	j	r	i	t	b	h	s	i	k
h	d	t	m	c	l	u	a	e	i	y	j	s	y	l
w	b	k	u	a	g	s	i	r	p	c	r	z	j	a
g	i	v	o	r	a	o	n	o	t	i	k	h	s	j
t	l	g	k	w	i	f	i	c	i	h	a	q	b	t
r	c	h	n	a	u	g	n	s	l	r	n	u	j	i
u	r	d	u	v	w	g	g	m	p	v	t	r	y	p
o	p	i	o	e	i	h	k	n	d	e	t	n	e	f
c	o	m	p	e	t	e	n	s	j	h	z	p	b	c

Sports

There are lots of great sports to try. Take a look through the list, then see if you can find them in the grid.

y	v	c	r	i	c	k	e	t	w	s	f	l	z	u
j	e	r	o	d	n	o	w	k	e	a	t	e	n	k
z	d	k	s	i	n	n	e	t	e	l	b	a	t	f
y	o	g	c	e	e	e	p	g	w	w	t	v	e	g
v	s	n	o	o	k	e	r	r	c	h	o	n	h	g
l	b	i	e	j	h	f	e	i	l	q	c	o	s	n
l	l	t	i	p	e	s	o	e	k	i	l	c	l	i
a	b	a	j	b	t	e	t	l	n	q	i	d	r	m
b	r	o	b	l	z	i	w	g	p	t	a	n	b	m
y	r	u	i	t	c	c	x	z	s	b	z	d	i	i
e	w	n	g	s	o	u	z	a	s	k	v	p	x	w
l	g	v	z	b	s	o	n	m	q	m	d	n	x	s
l	o	t	t	x	y	m	f	r	u	v	r	j	v	z
o	l	e	h	c	y	n	o	t	n	i	m	d	a	b
v	f	t	k	g	l	l	a	b	t	e	k	s	a	b

golf

table tennis

football

snooker

cricket

hockey

swimming

gymnastics

badminton

volleyball

wrestling

athletics

fencing

rugby

taekwondo

basketball

b _ e

b _ _ _ _ _ _ _ y

b _ t

b _ _ r

b _ _ t

b _ _ _ s

b _ _ _ _ _ _ s

b _ _ _ n

b _ _ d

b _ _ k

Just B-cause!

All of these words begin with the letter B. Can you write the word for each picture, then find them in the grid?

w	s	s	q	g	z	c	g	l	t	e	b	i	k	a
j	b	z	r	u	w	x	b	b	i	r	d	r	u	b
z	v	m	d	l	e	q	a	o	w	j	c	n	u	h
q	j	r	x	e	b	x	y	e	o	o	z	n	d	t
r	k	t	h	l	q	j	q	c	n	k	s	o	n	k
u	w	b	s	c	n	y	o	h	g	u	n	o	d	i
o	p	k	x	d	j	b	s	b	a	c	o	n	b	f
k	q	q	v	p	t	u	n	n	w	f	o	w	u	w
z	l	r	k	l	a	b	a	t	c	e	l	e	t	u
b	b	b	h	s	w	u	e	r	e	h	l	e	t	i
r	b	a	c	m	c	y	b	r	e	g	a	b	e	j
o	p	o	t	c	s	x	a	q	c	j	b	v	r	g
e	r	e	a	r	a	e	b	u	i	q	y	v	f	s
d	x	k	d	t	w	u	i	d	g	i	z	g	l	c
k	k	d	s	q	q	w	s	d	s	b	n	x	y	u

Halloween

Oooooooo! This puzzle is a little bit spooky! Here are lots of Halloween words. Can you find them in the grid?

q	d	d	w	y	z	q	e	h	n	t	m	k	p	w
s	c	a	r	y	p	d	y	m	i	b	y	c	t	j
p	t	s	p	i	d	e	r	x	u	w	p	i	h	p
x	g	n	j	b	q	l	e	e	w	t	u	r	m	v
t	m	r	t	g	k	j	e	r	w	r	s	t	y	i
k	a	f	e	w	b	q	v	i	c	e	c	o	t	p
j	e	p	v	o	r	t	t	f	d	a	v	p	c	s
b	r	c	c	r	l	c	l	y	t	t	p	q	m	p
f	c	x	c	g	h	k	a	d	p	w	u	o	w	o
e	s	b	x	h	f	y	b	n	t	f	m	f	a	o
t	o	w	y	o	h	z	t	a	e	k	p	s	r	k
o	v	d	w	s	d	e	a	c	t	j	k	g	h	y
c	l	o	t	t	v	n	x	j	u	q	i	k	m	c
t	h	y	w	m	b	p	o	m	k	i	n	l	t	x
i	q	g	a	e	s	k	p	e	k	x	v	b	d	e

pumpkin

witch

ghost

spooky

scary

trick

treat

boo

jump

scream

cat

bat

spider

costume

creepy

candy

touch

smell

hearing

sight

taste

feel

sound

see

rough

smooth

stinky

loud

quiet

bright

dim

sweet

umami

My senses

All of these words are about senses.
Can you see them in the grid?

q	p	k	y	s	f	e	s	m	o	o	t	h	q	q
s	b	e	k	b	r	e	t	r	a	n	l	g	u	m
k	m	a	c	n	x	s	a	f	l	q	n	i	r	i
w	q	e	s	u	y	z	s	m	d	i	e	l	k	d
y	f	a	l	g	b	c	t	z	r	t	i	e	l	s
b	n	h	a	l	h	t	e	a	o	d	k	l	y	j
r	r	l	h	h	s	h	e	n	u	n	c	j	n	d
k	l	i	t	r	d	h	t	h	g	u	o	b	z	v
s	k	y	g	o	x	m	o	s	h	o	j	w	s	l
i	u	l	i	h	u	g	j	t	g	s	t	g	x	o
g	x	f	h	v	t	c	t	i	f	d	x	a	g	u
h	y	v	f	e	n	e	h	n	e	o	m	n	x	d
t	u	m	a	m	i	b	u	k	e	f	b	t	a	a
t	e	e	w	s	m	f	s	y	l	z	g	b	i	x
t	r	q	b	x	a	y	i	v	p	i	u	f	g	g

Pet friends

A pet is a great friend to have. Can you write down the names of these pet animals? Then complete the puzzle!

f	z	g	x	y	j	r	x	t	j	q	w	r	o	b
d	n	f	p	r	a	h	a	r	z	l	n	i	v	x
l	t	h	j	i	u	b	p	b	w	u	b	y	p	v
y	d	x	d	x	r	o	v	c	b	k	j	b	w	z
l	k	i	n	y	i	r	s	a	b	i	f	m	b	r
f	i	g	u	t	j	c	g	h	l	m	t	r	c	r
d	n	z	t	u	d	d	m	t	z	e	o	c	e	m
s	r	n	a	u	o	q	e	q	k	f	m	u	k	q
k	c	c	z	r	g	m	t	o	r	r	a	p	s	i
h	s	i	f	h	d	g	r	w	w	f	v	n	n	e
r	t	n	d	q	f	k	j	e	i	j	g	l	m	o
y	k	c	u	d	r	b	y	k	t	j	y	m	a	m
d	t	e	w	c	o	o	r	a	k	n	t	k	e	l
t	v	e	a	q	g	z	s	n	b	q	a	t	x	s
r	r	t	b	s	d	u	z	s	w	w	c	x	n	t

f _ _ h

d _ _ k

c _ t

d _ g

s _ _ _ e

r _ _ _ _ t

p _ _ _ _ t

l _ _ _ _ d

f _ _ g

m _ _ _ e

73

Miriam bites her sandwich, chews, and swallows.

Ines munches a carrot stick and then crunches a cucumber slice.

Diego gobbles his raisins before slurping his milk.

Maya and Izak lick ice creams, and Marta gulps down a milkshake.

Then all the children devour the fruit salad.

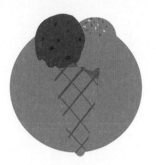

Eating words

There are lots of words to use for eating. Circle all the eating words in the sentences, then find them in the grid.

e	a	z	n	g	o	l	d	l	y	f	r	l	y	h
y	i	a	q	v	c	g	e	y	c	h	e	w	s	k
e	z	s	l	u	r	p	i	n	g	s	m	o	x	j
i	h	a	o	x	i	x	c	i	m	a	n	v	o	x
i	u	j	x	v	h	z	t	c	s	p	c	z	q	i
q	u	o	s	e	h	c	n	u	m	a	r	q	z	d
g	u	l	p	s	y	o	d	e	v	o	u	r	o	d
y	s	b	i	t	e	s	s	a	t	t	n	q	m	j
s	w	q	g	k	r	w	d	q	v	d	c	z	y	o
t	a	d	c	o	m	v	x	p	d	l	h	k	f	s
d	l	i	t	t	b	q	b	j	f	g	e	r	e	i
j	l	e	e	d	f	b	p	p	k	j	s	s	d	g
k	o	b	q	s	d	k	l	d	p	t	e	r	f	i
e	w	t	i	m	x	s	a	e	b	d	r	o	d	a
m	s	m	o	w	u	a	c	p	s	z	s	i	r	q

Who eats what?

Let's circle the plant-eating herbivores! Then find the carnivores in one grid, and herbivores in the other!

d	n	i	c	l	z	s	q	j	s	h
s	p	r	l	z	t	o	e	y	u	p
a	k	e	i	f	d	e	l	g	a	e
x	e	g	s	j	x	c	z	k	w	m
b	o	i	r	w	w	h	l	u	x	v
e	t	t	c	w	o	c	e	d	p	u
j	i	l	a	f	r	l	u	v	v	l
p	k	r	a	h	s	l	f	b	o	t
f	t	n	o	x	i	r	s	z	w	u
t	v	d	e	o	e	w	g	c	v	r
x	l	z	n	c	y	t	g	m	m	e

Carnivores

Herbivores

v	a	m	a	l	l	p	m	z	o	h
b	m	j	u	w	a	r	c	e	s	u
o	h	o	c	n	m	m	s	s	o	w
u	t	u	d	r	g	c	p	i	k	s
a	x	a	h	g	s	j	e	o	s	h
y	s	a	u	u	l	l	e	t	r	j
i	l	o	m	v	o	f	h	r	v	q
f	j	p	t	z	t	a	s	o	a	f
s	m	i	g	j	h	i	i	t	b	a
s	b	c	i	j	b	t	x	v	b	s
l	r	p	o	r	c	u	p	i	n	e

lion

porcupine

tiger

llama

shark

sheep

vulture

panda

eagle

sloth

wolf

tortoise

conversation

express

announce

speak

call

debate

talk

sign

say

bellow

explain

chat

discuss

whisper

shout

yell

Using your voice

Here are some words to talk about talking! Read the list aloud, then find all the words in the grid.

n	w	o	q	v	f	r	a	t	x	f	b	m	j	e
c	f	t	n	o	i	t	a	s	r	e	v	n	o	c
p	l	i	l	d	u	b	s	s	e	r	p	x	e	s
e	d	l	k	e	k	g	y	u	c	w	h	q	i	p
c	a	t	t	b	x	k	v	l	l	k	s	n	v	b
c	p	d	r	a	t	n	z	b	l	d	g	a	m	e
l	l	e	y	t	g	s	w	a	l	i	s	l	y	l
s	c	w	i	e	y	i	t	j	x	s	l	l	n	l
h	m	h	v	a	n	n	o	u	n	c	e	x	i	o
o	e	i	u	v	h	w	e	a	h	u	q	z	a	w
u	k	s	p	e	a	k	i	i	s	t	m	l	x
t	a	p	r	g	a	j	v	n	m	s	a	u	p	u
t	t	e	t	r	f	a	g	i	i	c	h	l	x	z
c	s	r	j	j	w	a	m	e	b	j	c	d	e	t
s	g	t	l	f	p	p	n	o	a	c	v	s	j	l

Space

Let's talk about space! Here are lots of things that can be found in space. First, name them, then find them in the grid.

g	g	t	m	m	o	u	t	c	r	a	w	l	t	w
p	n	o	i	t	a	t	s	e	c	a	p	s	e	q
f	q	e	l	b	n	s	x	g	n	e	o	i	m	m
t	e	k	c	o	r	j	o	c	a	a	a	m	o	k
j	t	u	q	h	c	o	a	r	r	l	l	r	c	t
o	h	q	v	n	u	s	e	m	c	e	a	p	t	c
x	d	s	a	t	e	l	l	i	t	e	s	x	e	h
o	l	a	j	c	i	v	h	l	a	h	t	g	y	g
k	q	l	w	k	o	h	m	k	s	n	r	u	e	z
u	n	i	v	e	r	s	e	y	t	y	o	v	q	d
y	w	e	k	t	k	h	s	w	e	c	n	a	c	o
v	m	n	b	s	s	m	w	a	r	p	a	r	v	w
l	o	s	h	t	d	x	r	y	o	h	u	a	r	b
g	o	b	j	a	n	r	t	e	i	v	t	j	z	h
c	n	k	y	r	s	h	z	c	d	f	e	u	w	u

Sun

Earth

Moon

star

satellite

orbit

rocket

space station

planet

astronaut

asteroid

comet

galaxy

Milky Way

universe

aliens

In the lab

Look through these science words, then see if you can find them in the grid. Cross them off the list as you go!

scientist

goggles

test tube

microscope

research

investigate

experiment

tweezers

magnify

solution

mixture

stir

chemical

biology

chemistry

physics

w	s	u	s	y	r	t	s	i	m	e	h	c	g	p
b	r	e	m	m	i	x	t	u	r	e	t	u	d	y
s	e	i	b	y	m	e	v	l	o	l	s	i	i	y
s	z	k	n	u	r	i	d	e	s	r	i	c	m	y
r	e	e	f	v	t	s	c	c	w	e	t	t	b
i	e	l	c	x	e	t	i	r	r	y	n	g	m	t
t	w	s	g	n	f	s	s	v	o	e	e	s	y	z
s	t	o	a	g	y	q	t	e	m	s	i	x	v	y
i	e	l	x	h	o	d	a	i	t	f	c	f	g	j
s	h	u	p	g	o	g	r	o	g	x	s	o	k	p
n	d	t	y	c	h	e	m	i	c	a	l	r	p	y
v	n	i	u	z	p	k	u	k	c	o	t	u	h	e
p	n	o	s	x	s	o	k	t	i	m	v	e	e	y
v	h	n	e	g	i	g	e	b	n	v	q	u	h	i
y	f	i	n	g	a	m	r	e	s	e	a	r	c	h

Polar life

Brrr, it's chilly! Can you write the name for each polar picture? Then find them all in the grid.

g	w	k	p	o	l	a	r	b	e	a	r	h	q	d
l	o	q	w	y	t	h	t	k	r	r	y	c	h	b
l	l	e	q	v	z	m	k	i	l	c	w	c	l	b
d	a	s	w	u	t	l	o	j	d	t	v	t	z	r
a	i	h	x	n	l	w	s	b	s	i	l	z	o	c
l	t	w	w	f	a	m	n	m	x	c	c	t	f	o
b	a	c	s	r	w	x	o	j	o	h	s	g	i	g
a	i	n	o	q	a	f	w	n	e	a	z	b	f	c
t	c	m	i	j	a	n	y	y	l	r	l	m	h	o
r	k	s	x	u	q	p	o	n	a	e	l	a	r	w
o	c	e	u	l	g	p	w	h	h	u	o	o	n	a
s	p	a	p	n	c	n	l	z	w	a	r	i	t	l
s	h	l	i	c	e	b	e	r	g	c	w	c	l	r
a	g	o	n	d	s	a	x	p	a	e	b	e	p	u
s	s	c	k	c	f	d	q	m	r	k	p	s	j	s

p _ _ _ _ _ n

i _ _ _ _ _ g

w _ _ _ _ e

s _ _ l

A _ _ _ _ _ _ _ _ _ e

s _ _ _ _ _ _ l

alba _ _ _ _ s

p _ _ _ _ _ _ _ r

o _ _ a

w _ _ _ _ s

nar _ _ _ l

suitcase

postcard

travel

vacation

packing

beach

mountains

station

airport

city

trail

hike

souvenir

ticket

journey

excitement

On vacation

It's exciting to travel, especially to go somewhere new! Can you find these words about vacations in the grid?

h	p	h	p	o	s	t	c	a	r	d	q	l	k	e
w	x	p	i	x	u	e	g	b	g	m	r	i	h	r
a	c	i	t	y	i	n	e	f	u	u	j	a	f	m
z	d	s	g	e	t	h	k	k	f	o	p	r	q	d
s	b	v	x	x	c	n	i	y	u	r	l	t	n	t
o	e	a	s	c	a	v	h	r	s	i	v	p	l	u
u	a	c	d	i	s	i	n	w	w	m	w	v	y	s
v	c	a	k	t	e	e	r	j	z	a	l	s	a	n
e	h	t	o	e	y	p	c	p	f	n	d	b	p	i
n	s	i	l	m	a	c	z	b	o	q	v	a	t	a
i	y	o	e	e	e	r	x	i	u	r	c	v	e	t
r	h	n	v	n	a	o	t	z	u	k	t	g	k	n
r	l	j	a	t	d	a	f	z	i	h	f	p	c	u
g	i	v	r	a	t	b	z	n	w	r	o	s	i	o
l	w	m	t	s	m	p	g	j	m	d	v	j	t	m

Boats

Take a look through this story and circle all the types of boats. Then find the words in the grid!

s	x	s	i	v	q	f	a	v	l	y	h	n	r	a
t	m	j	s	y	d	a	b	g	f	r	a	q	e	z
a	a	b	t	h	k	b	d	m	e	c	c	w	m	e
o	o	t	h	g	a	f	a	r	r	a	i	l	a	h
b	p	e	c	n	j	x	g	g	r	t	s	n	e	q
g	o	c	a	i	g	e	p	g	i	u	s	h	t	i
n	f	h	y	d	l	f	o	f	e	w	m	o	s	t
i	i	l	y	k	r	s	g	e	s	e	m	u	e	c
h	s	d	o	r	h	n	s	o	r	d	f	s	l	e
s	c	r	e	i	n	u	a	g	e	s	w	e	d	x
i	a	t	p	z	c	q	e	o	l	m	t	b	d	r
f	n	s	r	r	t	v	e	d	w	w	t	o	a	w
t	o	q	s	a	i	l	b	o	a	t	s	a	p	p
a	e	r	d	k	y	u	e	s	r	e	f	t	d	u
s		h	a	q	b	a	q	e	t	q	x	t	z	o

There are lots of sailboats lined up at the seafront.

There are fishing boats and yachts, too.

Out at sea are the ferries, cargo ships, and trawlers.

There is a paddle steamer on the river and a houseboat, too.

People are using canoes in the bay, and someone is in a dinghy!

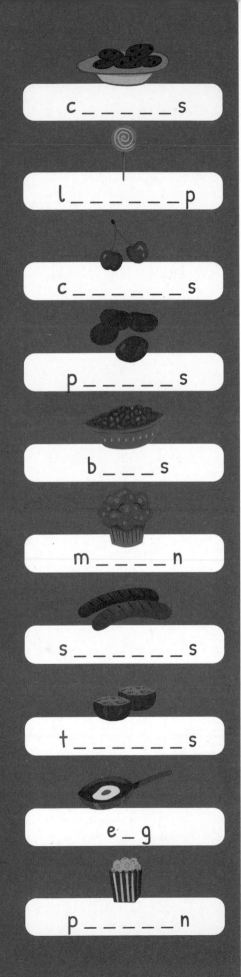

c _ _ _ _ _ s

l _ _ _ _ _ _ p

c _ _ _ _ _ _ s

p _ _ _ _ _ s

b _ _ _ s

m _ _ _ _ _ n

s _ _ _ _ _ _ s

t _ _ _ _ _ s

e _ g

p _ _ _ _ _ n

I'm hungry

Here are lots of types of food. Can you name them and find the words in the grid?

s	s	g	c	o	w	d	p	n	o	a	l	f	s	u
e	l	n	y	v	o	x	w	d	o	w	q	f	t	r
g	o	j	a	l	f	s	e	q	e	o	p	b	z	d
a	t	i	n	e	k	d	o	k	g	o	k	z	i	p
s	a	g	j	t	b	a	e	z	p	u	k	r	l	v
u	t	j	f	t	d	e	e	c	w	s	w	d	c	x
a	o	a	s	h	s	r	o	s	l	k	h	e	g	g
s	p	u	p	f	y	r	n	q	p	u	z	b	s	s
b	n	y	w	e	n	s	e	i	k	o	o	c	e	e
s	b	l	t	v	a	v	v	s	u	g	c	q	i	o
g	f	i	v	o	s	o	k	c	h	d	x	a	r	t
v	c	r	o	a	a	o	f	j	w	a	h	w	r	a
s	k	a	u	o	x	q	k	s	n	n	f	k	e	m
c	l	o	l	l	i	p	o	p	u	y	p	d	h	o
s	j	p	v	f	n	m	u	f	f	i	n	y	c	t

Bedtime words

Yawwwn. It's nearly time to sleep. Before you drift off, find all of these bedtime words in the grid.

q	t	x	e	z	o	o	n	s	l	g	w	o	i	b
i	h	d	o	z	e	e	r	y	b	a	l	l	u	l
a	g	s	b	f	i	g	l	e	m	m	a	t	k	g
j	i	l	e	t	v	f	t	d	s	y	f	p	o	p
b	l	u	a	t	z	e	q	z	d	t	k	p	o	b
l	t	m	r	a	v	p	c	b	i	u	b	s	b	e
a	h	b	s	u	k	s	l	e	e	p	c	p	y	v
n	g	e	d	t	d	t	d	g	o	k	z	c	r	b
k	i	r	h	r	d	h	p	a	a	y	p	i	o	y
e	n	r	e	c	w	i	w	v	r	i	o	u	t	z
t	p	a	d	k	m	x	a	z	l	k	t	g	s	t
b	m	g	s	q	a	x	g	l	t	s	n	x	w	h
l	m	q	g	o	g	w	o	d	x	c	t	e	h	s
h	v	x	t	v	f	w	m	o	g	e	g	w	s	r
q	f	y	c	n	i	i	h	x	l	b	p	i	a	s

bear

nightlight

storybook

sleep

dream

pillow

duvet

cuddle

snooze

rest

wake

lullaby

blanket

slumber

darkness

doze

c _ _ _ _ _ y

m a g _ _ _ _ _ n

v _ _ _ _ g

j e _ _ _ r

k _ _ g

s _ _ _ _ _ _ t

p _ _ _ _ e

k _ _ _ _ _ t

c _ _ f

g n _ _ e

Whose hat?

Whose hat is that? Write the name of the person you think will wear each of these hats, then find the names in the grid.

m	n	g	q	v	y	x	m	m	n	d	d	v	r	z
m	d	i	n	f	t	l	i	b	s	i	l	a	e	s
e	m	h	z	i	r	e	p	c	l	s	p	z	t	t
s	x	c	j	z	k	t	q	b	o	w	q	j	s	u
r	r	y	b	c	y	i	e	q	j	k	r	r	e	d
m	f	u	n	e	d	t	v	t	n	l	x	x	j	e
f	a	c	s	l	a	j	t	i	m	i	t	q	f	n
o	e	g	n	r	j	x	g	i	c	t	e	q	d	t
a	p	w	i	m	a	h	v	j	d	u	v	i	r	w
i	k	p	b	c	t	a	v	v	y	o	b	w	o	c
c	g	z	f	o	i	m	l	j	y	g	i	t	h	n
j	f	n	u	f	p	a	h	t	z	g	v	r	c	z
n	w	v	o	j	r	d	n	n	r	f	n	h	j	i
w	z	t	u	m	m	i	q	f	h	j	e	i	s	w
a	r	k	x	j	e	d	s	o	m	f	u	h	k	k

ANSWERS

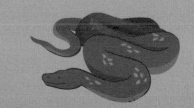

Page 4

```
g b j z c g b b c p r i x h q
z x w w d a a l l m d i d g s
v b y o a b k l o a s s l n h
h m s h q z o l s u l h o t o
x f d o u w v r e f o l c q r
b i g f w y z f d z w i i n t
u h e t n w e o i g s g r c c
a f a r h z t c u j j h y o e
d j e x x t t a n i h t d a p
h o d z v n x f e i f w i a r
y u w q i o u q p q v p z f s
n v g n a r q j j q k r g w l z
a y u a t f f r z q r k h u n
d r o p e e h i m i l x s g i
h m p t r i t z d c u q d q v
```

Page 4: slow, hot, light, short, big, thin, front, down, closed, sad

Page 5

```
b s i t n a m g n i y a r p l
y g w w z e o c r a k w p q g
l f u c s b x x n s g k a g d
f x d r n h y t o g r d x r d
r o s t i z i u b y h j c e r
e k n o g e m k e e j c g d a
t l s c o r p i o n e q y l g
t h m z g a w r f r f r t b p o
u h b i l n q x m v a e l s n
b c a t e r p i l l a r u e f
s s a n h j m t b m v t c m l
i x h l i a n s r j z c v c y
r x p r y h l o q c a r l w u
e n o j l l w t k a m m p a d
b u q x b u q g g z r q q u t
```

Page 5: caterpillar, butterfly, beetle, spider, worm, scorpion, praying mantis, dragonfly, snail, ant

Page 6

```
p r e b o t c o s y g j s j t
n u s n g r e t s a e s e s e
w k c e n o y x d y t m y z k
v z h a m o s c o w g u u z u
g r m r p x v n a h o j r s l
f e r t o k y o e u x a c n t
r t m h e k m l f n f i r j s
l i b a r e d b t d p c a h v
q p u s n p p n v m b r g e e
d u n t w t y u y b e i v y e
c j z n c s e l m j d k w g n
v i d n i h o i o m e b g r a
m t u e s d a y v h e l s e r
m d g g a z y h x z p g g e f
c z p u z p j c r v n x y k d
```

Page 6

Page 7

```
e c n b s c h e e t a h r e u
l m h w t u y w z n i t i l d
e r d n z a p h r p t c m i b
p i o o d o m b p b s h d d c
h y a n g o p o p o v z s o x
a p v a s u p f h u y y m c r
n p h h v o c r l c b e e o v
t k a h t q r t d j i f r t r
m y p a n y u e g i f r a c n
g f m w j r q p c a s m t n d
z u k o e k e i r o z k q s o
s a l r x j c i p e n d l x o
p g y u p q g v b p h i p s r
n v w t d m n r o i o u h s f
x t m o a c a a l n s p i r o
```

Page 7: lion, elephant, giraffe, rhinoceros, zebra, crocodile, hippopotamus, vulture, ostrich, cheetah

Page 8

```
l e p j l y s s n i p d v b r
p c o c l i t r a c e n o z p
x i s e c n a d d w z f s w m
c x s g p y x l x s m i r c v
u v w w u l a f e c n i h f k
s g h l z n a o u g m p x c j
x r y s w i w y s w i t g k b
g y i h m c a f o k l z e w a
m m w d r i n k s s w a r d r
n r j e e j w q n s f a l i d
s z o w o q n n f i k r k p k
i j j b t j e r z o m l r k p
f x p q v u f a c f q r a p i
v c k u p m t e t g d h f w k
a n l q m p w q i s e v x q b
```

Page 8: walks, ride, draws, pins, play, race, skip, jump, dances, sings, eats, drinks

Page 9

```
m m h b x x q s p r r y e w n
e o d g t a y q u h j n o x w
n t j t l d s i s b q a r c j
o o m y e i k y x u s g o q x
o r a w m n d c t q c w x v m
l b y l g d a e u r o a h a f
l i d d i t k y r r o q y z a
a k h p k g t d p j t l q a v
b e n u s r i g v e y v e u
r l z g t u z n i a r t o b t
i n x f e l u k m y n n e m g
a h v l j p i c z r a x j g n
t f g x c w g z w c z c b s g
o j y u n i c y c l e q y k n
h h h h w k e m u h k v t k x
```

Page 9: scooter, train, hot-air balloon, truck, bus, motorbike, unicycle, glider, canoe, jet ski

Page 10

```
y o t i q c u m a y m l k s n
f r r u s g r u m p y j c t i
i n f i m b l o n d e r a r y
f n r d l i l u b q n o l a c
u w e p l j t d y l o o b i e
n o c h a c n z e z h b t g d
n r k a t n l o g z a w q h m
y b l e s n g e w s n i l t t
e y e s j u i t v h q i l d r
g n s e z y o x y e n y k q o
b j d s n l x i t s r o b s h
q r g r s r p r r s k j r b s
z j p n o u l r o e p r i b w
m e q e k c s m p z s f a y c
w v v s d x q a s a k a h p t
```

Page 11

```
c s a n d a l s q p j w v l k
j x l x d k s q r b f c j a a
v n r l a s w g s d j b d e z
o n y r d n e q g l o v e s i
d t w m u s a k c o a c j v g
j x k m n r t z t s m z x r g
z p x t g l e s o t s h i r t
o e z y a s r l y f t i y j p
e n q c r u p e e l o a b c f
s f a r e o i w h e f c o v j
b m i h e i r h h t e y y c n
m f q a s t r o h s x q g x x
s a g t l i y m y s b m s c l
b d c l j q e i a f c y a t b
g q r s o c k s f t f l o l b
```

Page 11: hat, coat, gloves, socks, boots, shorts, T-shirt, sandals, dungarees, sweater

Page 12

```
w s q d f r n a p f t x r y u
b t n y s e f d y f n r e w k
w e v l b h x t e f u v h u h
r p l s r t o f a a a u t p l
x f r g y o c t h c m w o r g
o a i w t m h u g n k j r k z
s t l i a e u a c x q s b s g
n h l g r a n d m o t h e r d
r e t s i s f l a h d z a d a
f r p s h y c o u s i n r s u
o p x h t l x u v n d r e r g
r y i y e s t e p s o n t o h
w j m l e w f e o i n e s v t
u n c l e n s n i e c e i p e
h g r a n d f a t h e r s c r
```

Page 13

```
v p b k z m e k z f b i c k s
t d m e o i s w t n w x s h k
p p y i a t u v i u j u h k y
i j s c u c o h i n j f h q j
s q y e w z h s i g d h l l r
u e i c m h t b p m u m r f w
n x u r i z h l a a l h i f s
g l q e j p g c y l d j e l a
l t q a w v i x i d l e y y l
a l e m g g l g c m t y q c o
s i b k e a s u r f b o a r d
s a n d c a s t l e b g y v b
e m l i q u b p x u u y f m n
s q l a n w b f q y b b m t f
t w d s t v a s e a g u l l d
```

Page 13: seagull, surfboard, sandcastle, bucket, spade, ice cream, lighthouse, windmill, sunglasses, beachball

Page 14

```
v y g n i h c r o c s a b q i
l q i d s i t g n i k a b y c
s c s q w u y o x f v q t q m
m r a w h m h b h b t s s c p
n g d a z h r m u g a j s f d
t n b d m a s l e o n s w t m
t i o r g u c p t r z i u v i
r d i o c n z m k y y z p o z
o l l a y i i n w y m z k i z
p a i s f l a m i n g l c b p
i c n t v f o q a j g i a a o
c s g i i s h s p e v n h l x
a w i n v b w e x g t g a m s
l n w g h u m i d w s s b y j
s x n s w e l t e r i n g h t
```

Page 15

```
w c r c s p n g x t o j u d s
u k g s u q m c i n c i p e u
d o y t i w t y u e t s e e b
j v l o j j j f r s s s e s l
d p q z h b b e u p a r s o u
i r q x y v w n c l e g t f f
g j a c f o h l g d z s i n x
z d q c l a s n t z l l w e g
x b q f t u u v y p i l e r g
p p m u h s b k r j w d m g k
e k i t e r o e d o l k y u d
z o c x t t p x i i l z t v
a q a h h a s u i t c a s e u
l z i f w p c y e d o r x b n
o d v e t d m i n s j q j k l
```

Page 15: sunglasses, picnic, water, pistol, kite, flower, sunhat, postcard, suitcase, pedalo

Page 16

```
r t t k z z t t c f a k p l h
b a o x a s h i v e r y n p k
c f y j r a c a p m y f u t j
h v l r c h o w r v a f m z i
i j k x t w u a g o u r b a t
l f i s i n y r f b d o i o g
l r b s c r i r r p y s n s z
y e m h f e k w o b r t g c v
e e u a o t p s z d t y k r a
h z s r w t e h e o i a w l e
t i c p b i z o n w e g h e z
g n i t i b x y w o n s i w u
h g a q i v g l a c i a l r y
m a m o o r y w m k u n c c f
t p z s i i w h i c b k i x t
```

Page 17

```
o l l n x i s a m h g h z r s
x n s b a d g p d d a r o x n
k d d u e k a l f w o n s p o
v a z x h x n d o g k l p c w
r e e d n i e r p o e f j c b
n r w u j z j n v i u w w h o
g n i i k s y s g x c d j a a
i p v y l d i h n b v u h s r
o r n r t n p t o j i h j d
b r p c x s s h p b w z h t i
r s n i a t n u o m c m b i n
h o t c h o c o l a t e a d g
g n i t a k s e c i u l a n f
s t e t v i v l c v n m k v l
s b i m g g k b r j m y o y r
```

Page 17: sleigh, ice-skating, reindeer, snowman, hot chocolate, igloo, snowflake, skiing, mountains, snowboarding

Page 18

```
e a n p q l e z l i v e d d g
s g e s c i e n c e u u n s x
a n o p f d s j z w x u u c i
c r x o b h c n u l c t o i s
l l u r s f w e n l n i r t d
i a c t k r v z a v f r g a n
c v d t i t j s f e h e y m e
n t h t e u s k t y t h a e i
e t i o o r c m l u n c l h r
p n v v o z s i w p d a p t f
g o k o s b c n h z s e t a r
k l m u n c e y c t s m z
f g k l e k e u f m o r z t u
z b c p e o r f m d o u z w c
o o a m s b v h n k b m u g a
```

Page 10 · Page 12 · Page 14 · Page 16 · Page 18

Word Search Answers

Page 19
```
w l u l d h c e j y w l t y e
l p r k p s m v c h x x h t e
c q e n p l h n o b h e h f u
x y d r h z g r x a r f h o w
x k p l e z b l m p w n g h q
x c a m p h n h l g d d i d o
q i x q r b w i v e l c b z n
b w k f k m a h q w h k c j k
i f x l t y b s u m b n h w j
w g b c s m b i m e j m l p u
p a w e q q z e v w v r q c b
j v y n s h d i v h m l w r d
h c e w t s b g u s d h h y x
t h q n h i n c e l a v j h d
w g x q b o w l z t m h u w n
```
Page 19: how, what, why, when, where, who, which

Page 20
```
q b c p d f m s m p x f o o s
h h t f p p h j h t n o m e h
h m t c m t x g i o t p o f w
a h z v d q u e l e t u n i m
o b v h n v g n i n r o m e b
n g v p q w e j m q u c e e k
j n c b n o o n r e t f a q s
h i x a c l o c k z t s j h b
c n t i l a w k c h q e x r y
t e s o l e l v g v r c u a y
a v b a e t n i y u k o d d m
w e r k l n n d n c h n d f j
s m e e u a r z a r x d d i n
n n r a e y m z t r u t r u w
d b s w o m n t t n t x h f e
```
Page 20

Page 21
```
n s n t r i d w z o n n k m n
h c q p y r a m i d s o u m q
b a j i q v v t j d d n l p g
w t f o e n a l p i z e y d x
p h o c u j h y w v c h d g f
o e c t m e b s b v f t e r b
x d y a i i u y t c z r e e a
u r h m g r e t j b k a o a h
n a n b g n r r a f a p h t y
l l e c j p t e u t t s b w x
x n u j y m c b r h s a i a o
n d n p n w f i k g n f j l a
c u i j g n u l b y w a f l s
d q k k j p q b q g i a e s m
p e s u o h a r e p o g e w x
```
Page 21

Page 22
```
v a d t d h q z h l g f c d w
k l q r r e a g u a u u i o b
r e t f a s p o e n k b i d h
u i n h w w b q s n d l b r s
p k q d r v o x f w n e q a t
e f c q o t g t u o i m r w j
w v c k f i p j t d t f q k i
o d o o v z h h m k s o t c l
l t y b u w g d t u n s t a g
e f v o a i s o h o m b i b o
b e a j a b i o g o d q c l c
a l i r q k v k i c n r r z d
h w t n g e b o r a r o u n d
p s a i r k w z u e d q u y r
d j y y p w c m b r b x g x x
```
Page 22

Page 23
```
s a i d e s u a q n m s f z n
z e p a d j v s u r o a w r i
w g a f s l p k z c a c n h h
h b i h y n t y t o v y g s p
s h u x o m o o c x o e o i l
i s i g v r p q h r l k s f o
f i i e w u s d d a a y w d d
y f v z s v c e p u u b d r u
l n u h q s c y j m o r i o i
l w i o n q s s k h d e a w z
e o a s y u n h m f v j r s m
j l p p t i u a f z b r s l o
m c h t t d w r x l g a c v t
b s r o p g i k v j a u i c r
d p x s a h i q s w q a g s f
```
Page 23: crab, squid, octopus, dolphin, swordfish, jellyfish, clownfish, ray, shark, seahorse

Page 24
```
a h y a m k c d l h n p u t l
g y d e v p x r v f a p g h z
r f z d a x x y g t w x s i o
n l o n g v w l p h w i b n r
j a u j x e y l g g d y g s i
e n u w e n o e u i o n m v s
i d h g p o s m x r v l m t k
f o t e y r c s r b j m r m m
n h m y t m a j e s t i c s l
q t p y t o r l o j p w l b h
k n n m o u y l h e x l y b y
c h w i p s w a d j i h u u c
v g h f s p e t k l m s b i f
j a o e u m b t e h y k n o y
r x d i l u h j e p n t c k z
```
Page 24: spotty, striped, long, thin, tall, bright, busy, smelly, enormous, scary

Page 25
```
r j h j e i g t y p q a e u o
y e s r o h s a k n y t o w x
p e m q l k a c l k o g b i g
a d k r y x w y q s k n z j l
w u q n a k j i x i z h i r m
l x n g o f j g h i t l e o j
t c t w n d d b l a w o e t p
b i h b s i b r s c h g r c x
z q q w i b r n u w a q t a k
f b a g m p c p y r i k e r m
k e u q e n i k p m u p l t s
p q g a l e x a v d g c p y h
d t u g u m s i k c u d p s e
f z a x s a m c t u m j a e e
k m x r l h e b e d e d t e p
```
Page 25: tractor, horse, pumpkin, eggs, sheep, farmer, apple tree, duck, donkey, hay

Page 26
```
t h y r e v i r i h l e n c m
a d f k c t f t b q e e p r u
i u a d s f l s r y g f o i c
l n f t r j u a i t l w c e p
s q q g e u t g d a x q l a g
p f c z k t e s g v m b i l l
j b y c g n t p e r i q m l s
b f v u k r o e z e o n o i y
r y j n i l r k u z d u g b
e c c n i u q q g o o s a w
d l g s c a r f m d a o i t k
d w c l e n n u t l s b n o e
a y z z g s p y b j i k e r n
l f k e i t k c e n d f o u g
i j w l o x n q e i t k h j m
```
Page 26

Page 27
```
l k f o m m g e h o g o y d g
r i n s u r u a s o n i p s i
a d s o y a p q r c j s d u t
h d k s d c d o z b s w s e x
j d y c o o x k b s e a d t t
a o m g i f n p i m g l o p r
f h h m e s d a t s g c p t i
o s t e g o s a u r u s o e c
o p e s v k y a s g x y r r e
t u e z q g h e r n i y u o r
p q t t f a i u b u y o a s a
r u a s o i s e l p j w s a t
i r o t p a r i c o l e v u o
n t p m s i p m s y p w f r p
t w b c k a x s g o d u p h s
```
Page 27

w	r	g	x	g	t	f	n	b	o	e	h	z	t	x
l	i	j	r	g	d	n	a	o	j	v	b	k	u	e
k	c	e	p	s	i	z	d	x	t	r	z	n	n	l
p	e	q	c	j	u	i	o	z	k	t	c	h	a	b
k	y	d	h	f	e	f	x	b	k	j	u	l	e	b
q	m	x	u	c	b	l	z	l	r	g	l	b	p	e
e	h	n	v	e	p	f	m	l	f	l	e	u	t	p
t	d	o	a	s	f	h	g	i	a	y	a	a	c	m
y	g	n	s	y	e	l	l	e	h	s	p	k	a	u
d	w	s	e	n	y	e	n	g	b	e	l	r	l	i
v	r	r	h	q	l	r	d	t	q	g	b	p	e	a
c	r	u	m	b	a	n	l	f	v	l	u	t	s	z
l	p	y	d	t	t	d	x	z	e	q	h	b	n	n
q	f	w	j	w	e	o	c	q	o	w	o	i	m	t
v	i	f	m	z	p	t	g	n	s	t	p	p	m	u

Page 28

s	r	t	v	n	a	h	p	u	c	q	n	y	b	n
r	p	i	g	l	e	t	e	n	r	v	f	g	z	d
j	p	u	p	p	y	l	y	x	a	o	a	z	t	o
o	q	o	e	n	o	q	i	k	n	t	m	s	k	u
e	j	k	e	o	b	d	z	l	q	e	u	m	v	o
y	a	p	h	e	t	u	k	x	n	s	t	z	u	b
z	k	f	r	r	r	c	d	v	h	y	v	t	j	t
q	r	t	f	g	a	k	v	g	j	a	a	w	i	u
f	z	u	o	u	z	l	c	y	p	d	d	u	h	k
f	a	c	x	g	n	i	v	a	p	r	m	i	l	w
f	o	w	m	t	x	n	d	o	j	a	v	f	q	l
r	y	a	n	m	s	g	l	g	l	i	i	f	s	r
v	w	p	l	h	b	e	h	p	y	y	o	a	c	b
e	u	q	e	d	q	i	q	t	a	d	j	w	x	c
t	o	z	x	w	j	d	d	i	k	i	b	u	c	r

Page 29: fawn, foal, joey, kid, kitten, piglet, cub, tadpole, puppy, duckling

a	l	l	f	e	k	m	g	m	h	l	y	f	h	m
p	p	a	o	b	e	i	r	y	o	k	t	r	t	a
m	x	c	c	b	a	d	y	f	l	h	z	a	l	o
l	g	a	f	i	u	n	u	b	o	p	z	n	e	q
h	s	a	r	c	s	y	g	q	c	m	a	j	r	y
s	r	y	x	a	q	s	s	p	v	u	j	g	f	v
q	q	i	c	u	p	l	a	f	h	h	d	b	l	o
u	m	x	i	c	o	e	m	l	y	t	w	e	u	v
e	p	e	b	j	p	y	w	n	c	o	k	u	m	m
a	t	o	c	h	c	a	o	t	w	b	d	f	e	b
k	o	y	h	q	d	m	d	h	o	c	u	l	w	m
m	p	e	e	p	r	t	q	t	b	y	o	a	s	l
d	u	y	r	a	i	p	t	a	z	d	l	x	u	r
c	j	o	h	i	c	h	s	y	y	i	i	o	s	l
o	g	k	k	x	o	s	t	s	r	c	s	w	v	q

Page 30

t	h	n	t	z	b	t	v	o	i	k	s	g	n	c
s	k	h	l	n	d	j	n	m	a	r	a	c	a	s
n	i	q	v	d	i	l	y	g	a	d	q	w	j	s
k	e	a	h	x	g	i	d	r	c	b	d	w	m	m
u	u	n	i	l	b	r	g	b	s	v	e	u	b	s
k	n	x	i	g	u	i	t	a	r	c	r	y	a	a
r	r	h	z	r	o	y	k	e	j	d	u	a	n	x
e	o	a	g	t	u	l	j	n	y	w	s	m	j	o
c	h	z	q	w	h	o	e	i	k	d	o	m	o	p
o	h	h	i	d	z	n	b	z	d	g	s	i	l	h
r	c	k	l	t	w	i	o	m	p	k	z	c	c	o
d	n	z	n	v	i	l	g	h	a	i	m	h	p	n
e	e	t	w	s	l	z	u	w	g	t	a	n	r	e
r	r	v	a	e	g	s	b	v	p	r	t	q	d	v
y	f	v	c	n	a	c	j	h	p	r	v	p	u	v

Page 31: maracas, cello, recorder, saxophone, harp, tambourine, banjo, french horn, drums, gultar

e	j	a	w	n	m	u	o	l	z	k	j	n	f	t
d	l	r	r	h	v	r	n	z	m	j	i	q	q	b
s	t	d	p	t	m	e	q	r	e	c	d	e	g	o
r	s	t	d	u	b	h	w	x	g	i	t	i	a	y
y	s	m	x	a	a	t	k	m	s	n	p	g	l	e
p	m	a	t	s	w	i	m	h	w	k	z	j	l	f
s	o	k	n	g	h	l	d	g	n	i	w	s	o	n
p	q	j	i	w	o	s	p	i	e	q	e	q	p	h
j	k	d	j	m	b	v	f	y	j	c	k	w	u	m
c	s	m	t	q	j	y	b	c	w	l	l	r	f	o
x	p	x	u	x	l	r	k	m	l	v	r	e	g	d
v	h	m	d	q	i	r	e	o	n	y	d	y	s	t
l	g	m	w	y	k	u	r	h	v	i	q	c	h	h
j	i	s	q	z	v	c	j	f	l	c	l	e	e	p
b	m	j	y	d	g	s	a	g	c	h	r	u	s	h

Page 32: slither, glide, stamp, hurry, scurry, dig, rush, swing, gallop, waddle

l	l	e	n	n	u	t	u	c	d	r	e	m	a	d
e	q	o	e	j	w	o	s	v	i	u	m	i	r	n
e	f	s	u	i	s	t	l	t	m	l	a	x	x	u
d	g	w	k	w	w	p	i	w	k	q	r	j	k	o
n	l	d	i	a	l	a	d	n	p	d	f	h	y	r
a	r	n	i	l	t	h	e	a	e	k	g	e	g	o
t	g	b	q	r	c	e	k	b	s	h	n	i	s	g
s	i	s	t	t	b	r	r	c	x	p	i	c	a	y
d	d	j	a	d	h	e	s	a	n	d	b	o	x	r
n	y	c	k	g	w	c	e	z	m	s	m	g	g	r
a	u	a	d	o	d	x	n	u	e	p	i	r	m	e
b	y	c	l	u	p	n	t	e	z	m	l	a	p	m
a	h	f	l	i	q	q	s	w	b	t	c	s	e	e
r	a	b	e	c	n	a	l	a	b	c	b	s	m	l
s	n	z	s	o	w	d	u	c	k	p	o	n	d	i

Page 33

s	l	k	g	m	l	o	s	z	l	g	w	u	h	t
w	x	v	u	l	j	l	p	w	a	t	b	b	w	m
o	v	m	u	q	u	u	v	j	r	g	l	h	i	j
r	r	k	g	f	s	f	s	t	o	u	p	s	e	t
r	j	v	y	d	i	r	s	o	j	v	g	k	c	s
i	d	o	v	e	c	e	x	d	f	x	l	m	a	m
e	j	o	n	t	h	e	c	f	f	m	p	d	e	i
d	f	a	m	i	k	h	l	o	r	h	a	p	p	y
f	p	a	k	c	e	c	l	p	n	b	u	a	f	l
s	i	s	z	x	o	t	l	d	r	f	r	g	f	p
u	c	b	v	e	z	e	q	v	g	k	u	w	r	c
q	z	a	j	e	a	l	q	s	n	s	q	s	b	h
j	d	c	r	s	p	x	x	h	o	l	t	j	e	s
a	h	w	e	e	f	c	k	r	f	l	i	i	l	d
q	s	d	z	u	d	t	y	f	h	p	m	j	z	r

Page 34: pleased, sad, confused, upset, cheerful, happy, excited, worried, scared, joyful

k	u	y	r	p	h	b	j	e	n	k	g	k	s	b
v	z	w	w	w	o	c	l	u	e	i	q	v	p	n
l	a	y	a	r	x	g	i	g	z	e	o	c	a	a
t	c	y	d	y	a	z	n	r	o	s	r	y	r	w
x	g	b	p	e	s	v	g	i	t	j	s	a	r	s
a	m	b	f	g	m	d	g	y	m	s	t	v	o	t
t	p	n	x	o	p	d	m	v	v	a	o	i	w	q
u	v	u	n	i	f	a	d	u	c	p	l	g	j	t
l	k	p	g	t	k	x	l	c	r	x	o	f	c	n
b	v	e	v	c	o	t	f	t	x	j	v	s	t	a
d	o	n	n	w	u	a	o	i	e	i	x	i	h	s
n	x	g	l	r	t	l	n	a	k	t	h	s	k	a
c	s	u	e	e	u	d	b	b	q	z	h	d	r	e
t	j	i	k	f	j	s	q	p	k	y	a	k	l	h
c	w	n	y	b	o	r	h	d	y	p	m	l	v	p

Page 35: flamingo, pheasant, owl, ostrich, eagle, swan, pigeon, sparrow, vulture, penguin

g	r	a	n	d	f	a	t	h	e	r	l	y	n	u
n	n	g	r	a	s	s	h	o	p	p	e	r	v	z
z	p	i	d	r	a	o	b	e	t	a	k	s	p	o
p	l	p	h	n	a	v	d	p	m	c	x	t	e	k
i	q	j	v	t	t	q	k	a	v	l	p	l	e	m
h	r	b	p	w	y	z	e	s	a	c	k	o	o	b
s	e	l	i	t	e	r	i	p	f	v	c	o	t	w
e	a	q	d	k	y	e	e	t	w	v	r	j	o	e
c	g	l	i	a	a	r	l	v	v	d	d	t	o	s
a	m	w	d	a	y	y	r	r	e	b	e	u	l	b
p	d	v	c	h	u	d	l	b	z	g	b	b	k	p
s	k	g	p	w	q	x	r	q	o	n	o	y	z	p
b	o	o	j	n	m	m	y	e	t	r	o	r	e	i
t	g	a	y	m	t	i	f	q	a	t	d	s	g	b
p	v	s	i	d	r	d	a	i	a	m	y	e	r	e

Page 36: spaceship, bookcase, daydream, grandfather, blueberry, bedroom, skateboard, everything, grasshopper

Page 46: boat, iceberg, mountain, telescope, map, boots, trees, island, cactus, volcano

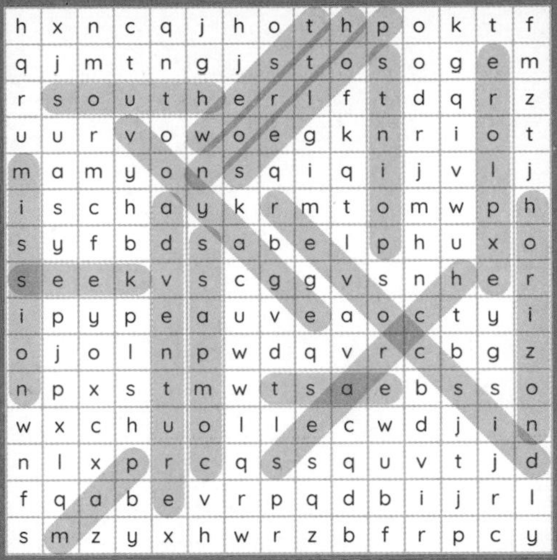

Page 47

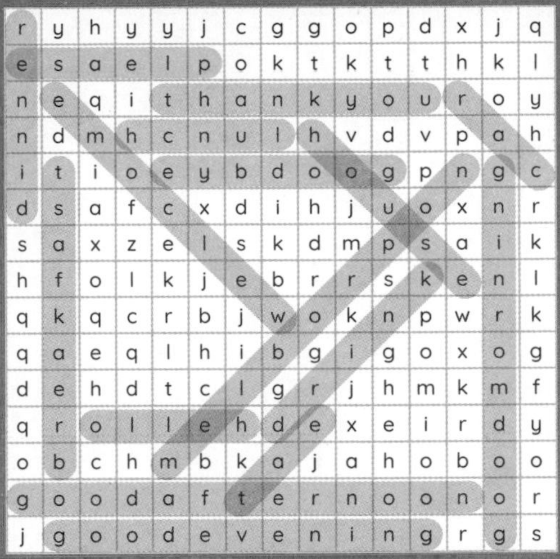

Page 48

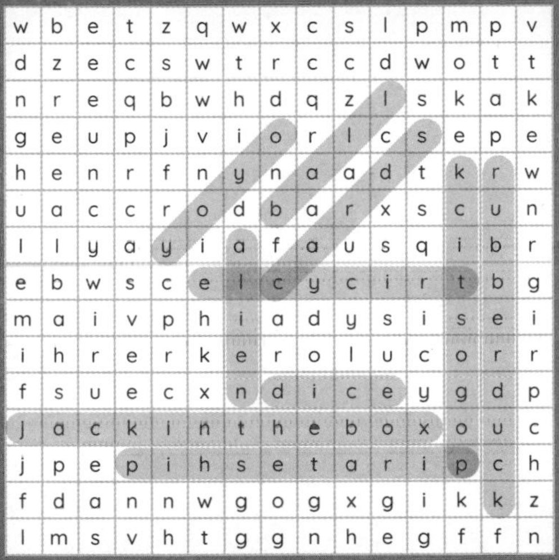

Page 49: jack-in-the box, dice, yo-yo, ball, rubber duck, pogo stick, tricycle, alien, pirate ship, cards

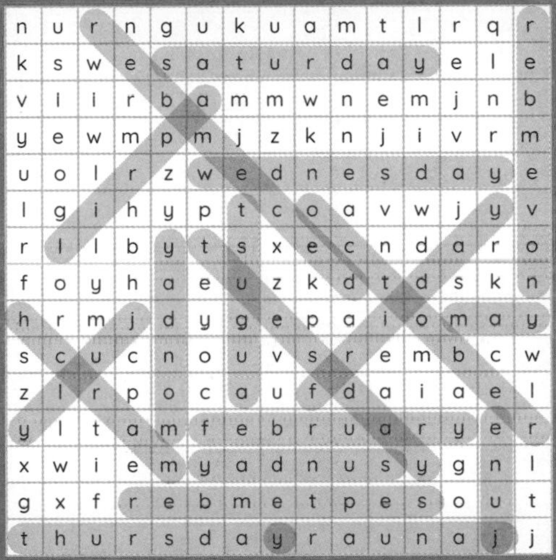

Page 50

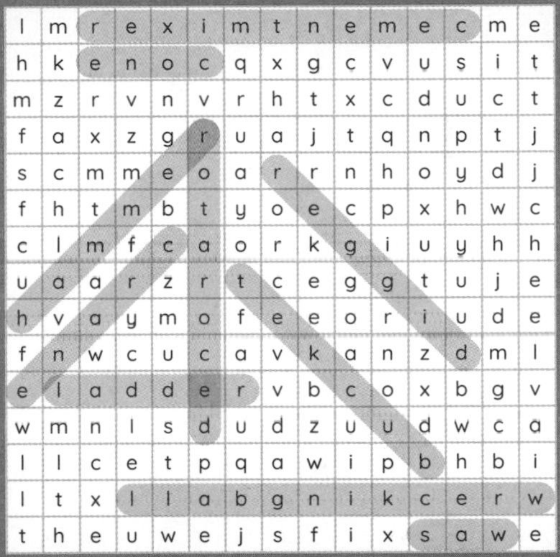

Page 51: crane, wrecking ball, hammer, cone, saw, digger, decorator, cement mixer, ladder, bucket

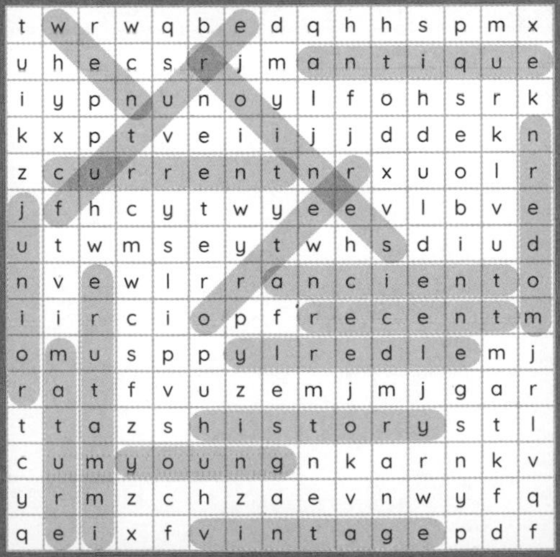

Page 52

Page 53a

Page 53b

Page 54

Page 55

Page 56: Small words: tiny, minute, miniscule, mini, weeny, teeny

Page 57a Big: horse, lynx, moose, giraffe, panda, llama

Page 57b Small: squirrel, hedgehog, rabbit, snail, mole, newt

Page 58a

Page 58b

Page 59

Page 60: date, bark, park, drop, left, point, sink

Page 61

```
d i a d e l o s m u e r t o s
j c w g z t e e a s t e r y a
e h i n k k d w z w r d l a r
x i l i w f b g e g t c a d g
x n a v a e p k i i i c v s i
n e w i n x w v h b f h i k d
e s i g z m w k h b l r n c r
e e d s a t a o g w a i r i a
w n d k a s l m b p d s a r m
o e w n i v v h v i t c t j
l w o a d r s i e v e m h a t
l y v h a n u k k a h a g p q
a e l t c h i c n f e s z t p
h a p a s s o v e r o p y s d
l r m j w i c x u r m o g h i
```

Page 61

Page 62

```
l h g u a l t e a q t q e t w
g w k j t q k p v e l i m s s
c y t f p v b c a r f l w l i
q p j m y l z e e l g g i g r
m p k w j n e c g y u g y j d
e a r g n v z a r x l d r t d
o h w t v w m y s e y x r h r
e v m s o h e o e u x j e g o
c w u u n k x j f x r e m i q
l f b b y s c v n r a e r l c
a e t l x w i o s p l z y e v
p t n l c u t x z a l m l d j
m u t j f r e l a x s a w x h
t l d u o t d a n c e j y m l
u e n m q y q u o d t j p b c
```

Page 62

Page 63

```
x l q r d b a l o g o s v w r
e e z s c c w l d a m n r k t
b z w t r j n j f n a t i m r
x a g o s w d z n i m k n s a
c q b l o i f f c n j j g t p
f a i l t s l e e q p f m i e
t p c c m t i c k c b v z a l z
m f c x m r l b y a q b s t e
o p j r o o m v b c w m t w a
r u n t h n v v l d i r e a r
u w i e c g u g n v s n r l t
w x w n z m n q s p r x u k i
j l t t f a j u g g l e r e s
y n b v j n k q x w z j i r t
t i g h t r o p e w a l k e r
```

Page 63: juggler, acrobat, strongman, tent, unicyclist, clown, tightrope walker, trapeze artist, ringmaster, stilt walker

Page 64

```
w p q i e s x w a s j b e j c
e u l b b p h k y b o k l v d
l u o k g i r j r e j f y g e
p n n i t v w o r o l h h d r
r y e e t e w e t u o l i h e
u a u q e n i m a c i n o z w
p b k i c r b d p c i w i w h
b p x n g y g o p z s x k k o
f v c d h h b w y f b t n p
l g k x q p h v v n b y a c b
l r v k n b i m k g l d j u
l e z q h y u r a d l l a z u
t x t a l t c g q i f h e c w
c u m u o u e v p r i v l m k
b q b g o d e j e o r a n g e
```

Page 64: red, orange, yellow, green, blue, purple, pink, black, brown, white

Page 65

```
s a b e l z h r d m n e p o y
h i u y d o h s i f n w o l c
s r p o p m h a j s b s s i r
i f o r n i p k n i h e t g a
f b r s h n e c m e p a k y b
y s e h m m h o p m m h r x j
l t c e s x m r h a s o e k i
l a r t s i n a i s o r n t w
e r i h y f f i b e r s d e k
J f y l v c c l s a j e s q x
p i p i i y g v e a q v r h f
a s u i h m u q x g g g r v d
i h y d e e w a e s n o q z i
g o d j g m y x f x p a f s g
y m h q k n u q i s v f u s q
```

Page 65: shark, anemone, jellyfish, coral, seahorse, crab, seaweed, clownfish, angelfish, starfish

Page 66

```
c d u b t h f h s t o r i e s
y n m t i n f o r m a t i o n
y a r w e u x c h l s w u y b
c l b e z b t y y k x o a i v
n r z e t k a x p w x r z j s
i e f m h c n h b i a r d r k
a d s e a i a p p q l o s s o
l n r w m p i r s l a b s h o
l o e x d f r d a x a e o e b
l w t d c l a q x h a j o l f
v z s b t c r x a r c g h v t
o m o e z t b b c p y s m e q
c p p b p i i h g y i l w s l
o d i h k o l d x w s w n v g
e d j l q n m i r e a d i n g
```

Page 66

Page 67

```
p o t i o n u s u d e p p f h
i l m b e l g p t s q t z u q
d v x e m a g a f c p t j g u
j c u a p c h k n i e e m f g
y q a p x z z j o a r u j g x
e c a t x k j k p f o q x e x
t w y x e u m o s u m o i l k
b n a o p r t l s x l r j o f
u e j w i j p a g m r c o r t
o z u c a e l i n o p b l q c
x q a o w i n o l t c l u s h
v t t e c k a a t l x b e s s
c e z e t y e f t t a w b e b
d z t u j v s k k e u r x i m
n l r a b b i t u o y o q q u
```

Page 67: Alice, rabbit, teapot, queen, potion, croquet, book, cat, hat, caterpillar

Page 68

```
x t e k c a r t t e a m j f m
o a a z g j j g h w k u z b x z
e m q c u u m v c e s o l g c
k k n e l f s i c d l k y a v
j h p i i c t e v h l m e m l
u c d e w s i t u c a b c f r
f j l x b e j r i t b h s i k
h d t m c l u a e l y j s y l
w b k u a g s i r p c r z j a
g i v o r a o n o t i k h s j
t l g k w i f i c i h a q b t
c h n a u g n s l r n u j i
u r d u v w g g m p v t r y p
o p i o e i h k n d e t n e f
c o m p e t e n s j h z p b c
```

Page 68

Page 69

```
y v c r i c k e t w s f l z u
j e r o d n o w k e a t e n k
z d k s i n n e t e l b a t f
y o g c e e e p g w w t v e g
v s n o o k e r r c h o n h g
l b i e j h f e i l q c o s n
l l t i p e s o e k i l c l i
a b a j b t e t l n q i d r m
b r o b l z i w g p t a n b m
y r u i t c c x z s b z d i i
e w n g s o u z a s k v p x w
l g v z b s o n m q m d n x s
l o t t x y m f r u v r j v z
o l e h c y n o t n i m d a b
v f t k g l l a b t e k s a b
```

Page 69

Page 70

```
w s s q g z c g l t e b i k a
j b z r u w x b b i r d r u b
z v m d l e q a o w j c n u h
q j r x e b x y e o o z n d t
r k t h l q j q c n k s o n k
u w b s c n y o h g u n o d i
o p k x c d j b s b a c o n b f
k q q v p t u n n w f o w u w
z l r k l a b a t c e l e t u
b b b h s w u e r e h l e t i
r b a c m c y b r e g a b e j
o p o t c s x a q c j b v r g
e r e a r a e b u i q y v f s
d x k d t w u l d g l z g l c
k k d s q q w s d s b n x y u
```

Page 70: bee, butterfly, bat, bear, boat, beans, balloons, bacon, bird, book

Page 71

```
q d d w y z q e h n t m k p w
s c a r y p d y m i b y c t j
p t s p i d e r x u w p i h p
x g n j b q l e e w t u r m v
t m r t g k j e r w r s t y i
k a f e w b q a v i c e o t p
j e p v o r t t f d a v p c s
b r c c r l c l y t t p q m p
f c x c g h k a d p w u o w o
e s b x h f y b n t f m f a o
t o w y o h z t a e k p s r k
o v d w s d e a c t j k g h y
c l o t t v n x j u q i k m c
t h y w m b p o m k l n l t x
i q g a e s k p e k x v b d e
```

Page 71

Page 72

```
q p k y s f e s m o o t h q q
s b e k b r e t r a n l g u m
k m a c n x s a f l q n i r i
w q e s u y z s m d i e l k d
y f a l g b c t z r t i e l s
b n h a l h t e a o d k l y j
r r l h h s h e n u n c j n d
k l i t r d h t h g u o b z v
s k y g o x m o s h o j w s l
i u l i h u g j t g s t g x o
g x f h v t c t i f d x a g u
h y v f e n e h n e o m n x d
t u m a m i b u k e f b t a a
t e e w s m f s y l z g b l x
t r q b x a y i v p i u f g g
```

Page 72

Page 73

```
f z g x y j r x t j q w r o b
d n f p r a h a r z l n i v x
l t h j i u b p b w u b y p v
y d x d x r o v c b k j b w z
l k i n y i r s a b i f m b r
f i g u t j c g h l m t r c r
d n z t u d d m t z e o c e m
s r n a u o q e q k f m u k q
k c c z r g m t o r r a p s i
h s i f h d g r w w f v n n e
r t n d q f k j e i j g l m o
y k c u d r b y k t j y m a m
d t e w c o o r a k n t k e l
t v e a q g z s n b q a t x s
r r t b s d u z s w w c x n t
```

Page 73: fish, duck, cat, dog, snake, rabbit, parrot, lizard, frog, mouse

Page 74

```
e a z n g o l d l y f r l y h
y i a q v c g e y c h e w s k
e z s l u r p i n g s m o x j
i h a o x i x c i m a n v o x
i u j x v h z t c s p c z q i
q u o s e h c n u m a r q z d
g u l p s y o d e v o u r o d
y s b i t e s s a t t n q m j
s w q g k r w d q v d c z y o
t a d c o m v x p d l h k f s
d l i t t b q b j f g e r e i
j l e e d f b p p k j s s d g
k o b q s d k l d p t e r f i
e w t i m x s a e b d r o d a
m s m o w u a c p s z s i r q
```

Page 74: bites, chews, swallows, munches, crunches, gobbles, slurping, lick, gulps, devour

Page 75a

```
d n i c l z s q j s h
s p r l z t o e y u p
a k e i f d e l g a e
x e g s j x c z k w m
b o i r w w h l u x v
e t t c w o c e d p u
j i l a f r l u v v l
p k r a h s l f b o t
f t n o x l r s z w u
t v d e o e w g c v r
x l z n c y t g m m e
```

Page 75a: Carnivores: tiger, wolf, eagle, vulture, shark, lion

Page 75b

```
v a m a l l p m z o h
b m j u w a r c e s u
o h o c n m m s s o w
u t u d r g c p i k s
a x a h g s j e o s h
y s a u u l l e t r j
i l o m v o f h r v q
f j p t z t a s o a f
s m i g j h i i t b a
s b c i j b t x v b s
l r p o r c u p i n e
```

Page 75b: Plant-eaters: porcupine, llama, sheep, panda, sloth, tortoise

Page 76

```
n w o q v f r a t x f b m j e
c f t n o i t a s r e v n o c
p l i l d u b s s e r p x e s
e d l k e k g y u c w h q i p
c a t t b x k v l l k s n v b
c p d r a t n z b l d g a m e
l l e y t g s w a l i s l y l
s c w i e y i t j x s l l n l
h m h v a n n o u n c e x i o
o e i u v h w e a h u q z a w
u k s p e a k i i i s t m l x
t a p r g a j v n m s a u p u
t t e t r f a g i i c h l x z
c s r j j w a m e b j c d e t
s g t l f p p n o a c v s j l
```

Page 76

Page 77

```
g g t m m o u t c r a w l t w
p n o i t a t s e c a p s e q
f q e l b n s x g n e o i m m
t e k c o r j o c a a a m o k
j t u q h c o a r r l l r c t
o h q v n u s e m c e a p t c
x d s a t e l l i t e s x e h
o l a j c i v h l a h t g y g
k q l w k o h m k s n r u e z
u n i v e r s e y t y o v q d
y w e k t k h s w e c n a c o
v m n b s s m w a r p a r v w
l o s h t d x r y o h u a r b
g o b j a n r t e i v t j z h
c n k y r s h z c d f e u w u
```

Page 77

Page 78

```
w s u s y r t s i m e h c g p
b r e m m i x t u r e t u d y
s e i b y m e v l o l s i i y
s z k n u r i d e s r i c m y
r e e f v t s c c w e t t t b
i e l c x e t i r r y n g m t
t w s g n f s s v o e e s y z
s t o a g y q t e m s i x v y
i e l x h o d a i t f c f g j
s h u p g o g r o g x s o k p
n d t y c h e m i c a l r p y
v n i u z p k u k c o t u h e
p n o s x s o k t i m v e e y
v h n e g i g e b n v q u h i
y f i n g a m r e s e a r c h
```

Page 78

Page 79

```
g w k p o l a r b e a r h q d
l o q w y t h t k r r y c h b
l l e q v z m k i l c w c l b
d a s w u t l o j d t v t z r
a i h x n l w s b s i l z o c
l t w w f a m n m x c c t f o
b a c s r w x o j o h s g i g
a i n o q a f w n e a z b f c
t c m i j a n y y l r l m h o
r k s x u q p o n a e l a r w
o c e u l g p w h h u o o n a
s p a p n c n l z w a r i t l
s h l i c e b e r g c w c l r
a g o n d s a x p a e b e p u
s s c k c f d q m r k p s j s
```

Page 79: penguin, iceberg, whale, seal, Arctic hare, snowy owl, albatross, polar bear, orca, walrus, narwhal

Page 80

```
h p h p o s t c a r d q l k e
w x p i x u e g b g m r i h r
a c i t y i n e f u u j a f m
z d s g e t h k k f o p r q d
s b v x x c n i y u r l t n t
o e a s c a v h r s i v p l u
u a c d i s i n w w m w v y s
e h t o e y p c p f n d b p i
n s i l m a c z b o q v a t a
i y o e e e r x i u r c v e t
r h n v n a o t z u k t g k n
r l j a t d a f z i h f p c u
g i v r a t b z n w r o s i o
l w m t s m p g j m d v j t m
```

Page 80

Page 81

```
s x s l v q f a v l y h n r a
t m j s y d a b g f r a q e z
a a b t h k b d m e c c w m e
o o t h g a f a r r a i l a h
b p e c n j x g g r t s n e q
g o c a i g e p g i u s h t i
n f h y d l f o f e w m o s t
i i l y k r s g e s e m u e c
h s d o r h n s o r d f s l e
s c r e i n u a g e s w e d x
i a t p z c q e o l m t b d r
f n s r r t v e d w w t o a w
t o q s a i l b o a t s a p p
a e r d k y u e s r e f t d u
s s h a q b a q e t q x t z o
```

Page 81: sailboats, fishing boats, yachts, ferries, cargo ships, trawlers, paddle steamer, houseboat, canoes, dinghy

Page 82

```
s s g c o w d p n o a l f s u
e e n y v o x w d o w q f t r
g o j a l f s e q e o p b z d
a t i n e k d o k g o k z i p
s a g j t b a e z p u k r l v
u t j f t d e e c w s w d c x
a o o a s h s r o s l k h e g g
s p u p f y r n q p u z b s s
b n y w e n s e i k o o c e e
s b l t v a v v s u g c q i o
g f i v o s o k c h d x a r t
v c r o a a o f j w a h w r a
s k a u o x q k s n n f k e m
c l o l l i p o p u y p d h o
s j p v f n m u f f i n y c t
```

Page 82: cookies, lollipop, cherries, potatoes, beans, muffin, sausages, tomatoes, egg, popcorn

Page 83

```
q t x e z o o n s l g w o i b
i h d o z e e r y b a l l u l
a g s b f i g l e m m a t k g
j i l e t v f t d s y f p o p
b l u a t z e q z d t k p o b
l t m r a v p c b i u b s b e
a h b s u k s l e e p c p y v
n g e d t d t d g o k z c r b
k i r h r d h p a a y p i o y
e n r e c w i w v r i o u t z
t p a d k m x a z l k t g s t
b m g s q a x g l t s n x w h
l m q g o g w o d x c t e h s
h v x t v f w m o g e g w s r
q f y c n i i h x l b p i a s
```

Page 83

Page 84

```
m n g q v y x m m n d d v r z
m d i n f t l i b s i l a e s
e m h z i r e p c l s p z t t
s x c j z k t q b o w q j s u
r r y b c y i e q j k r r e d
m f u n e d t v t n l x x j e
f a c s l a j t i m i t q f n
o e g n r j x g i c t e q d t
a p w i m a h v j d u v i r w
i k x b c t a v v y o b w o c
c g z f o i m l j y g i t h n
j f n u f p a h t z g v r c z
n w v o j r d n n r f n h j i
w z t u m m i q f h j e i s w
a r k x j e d s o m f u h k k
```

Page 84: cowboy, magician, Viking, jester, king, student, pirate, knight, chef, gnome

Glossary

Asteroid: A small rocky object made up of material left over from the birth of the solar system.

Colleague: A co-worker in the workplace.

Colossal: Extremely large in size.

Debate: A discussion between people with different views on the same subject.

Devour: To eat in a greedy way.

Fiction: Stories and other written works that are made up in the author's imagination.

Galaxy: A large system of stars, gas, and dust with anything from millions to trillions of stars.

Glacial: Very cold and icy.

Harmony: An arrangement of musical notes which makes a tuneful sound.

Horizon: The line where the earth appears to meet the sky.

Immature: Not fully grown or developed.

Jurassic Period: The time from 206 to 145 million years ago.

Orbit: A fixed path taken by one object in space around another because of the effect of gravity.

Parthenon: The temple of Athena built in the fifth century BCE in Athens, ancient Greece.

Plesiosaur: A long-necked, predatory marine reptile that lived in the Jurassic and Cretaceous periods.

Pterosaur: An extinct prehistoric flying reptile.

Sarcophagus: A carved stone coffin.

Satellite: Any object orbiting a planet. Moons are natural satellites made of rock and ice. Artificial (man-made) satellites are machines in orbit around Earth.

Sauropod: A type of herbivorous dinosaur with a long neck and tail.

Souvenir: Something kept as a reminder of a place visited.

Stethoscope: An instrument used by medics to listen to a patient's heart.

Sweltering: Uncomfortably hot.

Taekwondo: A Korean martial art of unarmed self-defense

Umami: The taste sensation that is typically produced by meat and fermented products.

Vintage: Of a past era.